新型职业农民培育系列教材

家庭农场经营管理

衣明圣　张正一　宋述元　主编

中国林业出版社

图书在版编目(CIP)数据

家庭农场经营管理 / 衣明圣，张正一，宋述元主编.
—北京 ：中国林业出版社，2016.7（2018.10重印）
新型职业农民培育系列教材
ISBN 978－7－5038－8644－7

Ⅰ.①家… Ⅱ.①衣… ②张… ③宋… Ⅲ.①家庭农场－农场管理－中国－技术培训－教材 Ⅳ.①F324.1

中国版本图书馆 CIP 数据核字(2016)第 179137 号

出　版 中国林业出版社（100009　北京市西城区德内大街刘海胡同 7 号）
E-mail Lucky70021@sina.com　**电话**（010)83143520
印　刷 三河市祥达印刷包装有限公司
发　行 中国林业出版社总发行
印　次 2018 年 10月第 1 版第 2 次
开　本 850mm×1168mm　1/32
印　张 8
字　数 200 千字
定　价 26.00 元

《家庭农场经营管理》

编委会

主　编	衣明圣	张正一	宋述元
副主编	陈宗明	王勇聪	柯愈祥
	任学义	束爱菊	孟瑞红
	王泽华	李汝真	董伟杰
编　委	（按笔画排序）		
	吕　英	李中华	李文涛
	李野牧	张黎明	陆明辉
	贾志军	鲁亚军	魏子和

前 言

2013年“家庭农场”的概念首次在“中央一号”文件中出现，2014年3月5日，李克强总理在《政府工作报告》中指出，“坚持家庭经营基础性地位，培育专业大户、家庭农场、农民合作社、农业企业等新型农业经营主体，发展多种形式适度规模经营”。中国的家庭农场是在土地联产承包的基础上衍生的新兴农业经营模式。提出家庭农场的概念，主要是考虑家庭农场有一定的经营规模，可以形成固定的、稳定的职业，从事这一职业的农民被称为新型职业农民。

本书在编写时力求从职业岗位分析入手，以能力本位教育为核心，语言通俗易懂、简明扼要，注重实际操作。主要内容为家庭农场的概述、家庭农场的扶持政策、家庭农场认定与创办、家庭农场的项目建设、家庭农场的生产管理、家庭农场的经营管理、家庭农场财务管理等。本书既可作为有关人员的培训教材，也可供家庭农场经营者参考。

编 者

目　录

模块一　家庭农场概述

虽然对于家庭农场的生产活动是否属于经营活动有不同的认识，但是无论是在农业高度发达地区，还是在农业相对落后的地区，家庭农场在农业现代化进程中一直扮演着重要的角色。家庭农场经营是农业经营的重要形式之一。

第一节　家庭农场经营介绍

一、家庭农场经营的概念

家庭农场，是指农户以家庭成员劳力为主，利用家庭自有生产工具、设备和资金，在占有宅基地、承包、租用或其他形式占有的土地上，按照社会市场的需求，独立自主地进行生产经营的组织单元。在市场经济条件下，家庭农场经营不再是过去的自给自足的小生产方式，而是逐步形成以家庭农场为主体，以社会化服务为条件的，进行社会化生产的开放式经营。

农户的家庭经营作为一种组织形式，具有血缘关系和伦理道德规范所维系的、超越市场化的工厂经营的激励监督机制，具有跨越时间和空间的活力以及超越生产力水平和经济发展水平阶段的限制，从而表现出无比的优越性，具有普适性。这一组织形式，最早产生于原始社会末期，历经各种社会形态，至今仍显现出其强大的生命力。发达国家在实现农业现代化建设的整个过程中，农业生产和组织方式都是以农民家庭经营组织为主体的。

二、我国家庭农场经营经历的三个阶段

（一）个体农户时期的家庭经营

我国从春秋战国时期到20世纪50年代农业合作化前的几千年间，是以土地私有制、家庭农场为生产单位的个体家庭农场经营阶段。

（二）集体经济时期的家庭农场经营

农业合作化以后，随着农业生产力的发展，特别是对农田水利等农业基础设施的需求增加和适度集中土地经营的要求，出现了农业互助合作组织，如以土地入股形式的合作社等经营形式。

（三）双层时期的家庭农场经营

党的十一届三中全会后，农村广泛地实行了村级“统一经营”和家庭农场“分散经营”相结合的双层经营体制。作为双层经营的一个层次，家庭农场一方面对集体所有的土地，实行联产承包经营；另一方面还可以自主开发庭院空间和其他闲散荒地等资源，进行独立的家庭经营活动，形成一种兼业的或多业的家庭经营模式。村级“统一经营”层次，是为了克服家庭经营的局限性，充分发挥集体经济的优越性。

三、家庭农场经营的特点

（一）统一性与分散性

家庭农场经营，一方面，作为承包经营户，是社区合作经济组织的成员，依据承包合同，接受社区的统一规划指导、统一机械作业和各种信息服务，从事生产经营活动，完成包干任务，具有“统一性”特点；另一方面，承包制家庭经营是合作经

济的一个经营层次，属于新型的家庭经济，无论是与过去的集体经济比较，还是与规模较大的国有农场经营比较，它都是一个相对独立的生产经营单位，实行自主经营，包干分配，具有“分散性”特点。

（二）自给性与商品性

家庭农场经营的自给性生产和商品性生产的程度及其比例关系与各地农业生产力水平和市场环境成正相关。随着市场经济体系的不断完善，农村工业化和农业现代化进程加快，将极大地促进农业土地使用权的合理流转。家庭农场经营，也逐步分离出以农业专业化经营和农村非农产业经营为主的农户，商品性生产经营正逐步成为家庭农场的主要经营方式。

（三）专业经营与兼业经营

家庭农场专业经营，即指农户从事某一项生产或劳务的经营。兼业经营，是指以户为单位实行主业与副业相结合的经营，即依据劳动者的专长和有利的自然经济条件及市场需求状况，选择某项生产为主业，同时又利用剩余劳动时间和其他生产资源从事某些副业。现在，家庭农场经营除经营农业外，还可从事工业、商业、运输业、建筑业、服务业中的一些项目，不放弃承包的土地，在从事农业的同时又兼营其他，这样，既可以分散经营风险，又可以获得更多的经济收益。

（四）灵活性与计划性

市场经济条件下的家庭农场，拥有更多的经营自主权，其人员少、规模小、管理层次少，可以根据市场需求变化，及时调整生产方向，作出相应决策，其经营具有较强的灵活性。同时，一般农户虽然没有正规的书面计划，但大多能按照自身消费(包括生产消费和生活消费)需要，作出灵活的计划安排。随着家庭农场经营规模的扩大、农民文化水平的提高，农户经营计划内容将不断丰富，作用也日益突出。

（五）小规模与大群体

目前，除专业大户雇工经营外，一般家庭农场经营是地少、人少、资金设备少、产量产值小的小规模经营。

当前，在家庭农场经营中，又出现了农户之间的相互联合，共同从事某项生产经营，如具有群体性的粮食生产、棉花生产、果品生产、蔬菜生产，以及养殖业、工副业生产经营等，均显示出一定的优越性。所以，家庭农场的小规模经营与群体性经营相结合，将是今后家庭农场经营发展的一大趋势。

第二节　家庭农场经营的类型

一、家庭农场经营的类型介绍

家庭农场经营有多种分类方法。从家庭经营的组织形式来分，有承包经营、庭院开发经营、独立企业性经营和联合经营；从家庭经营的生产内容来分，有种植业经营、养殖业经营、工副业经营和商业服务业经营；从家庭经营的专业化程度来分，有专业经营、兼业经营和综合经营；从家庭经营的技术特点来分，有传统家庭农场经营、立体经营和生态经营等。以下介绍几种主要分类经营形式。

（一）按其在双层经营中的关系划分

1. 承包经营型

承包制家庭经营，是在坚持土地等主生产资料公有制的基础上，在合作经济组织的统一管理下，将集体的土地发包给农户耕种，实行自主经营，包干分配。它是统分结合的双层经营体系中一个经营层次，属于新型的家庭经济，而不是个体经济。承包制家庭经营的权、责、利是借助于承包合同来规定的，其权力是在完成包干任务的前提下，获得土地的使用权，实行自主经营，有权支配自己占有的劳动力和生产资料，组织生产经营过程，任何单位和领导都不能无偿地平调承包户的劳力、资金和产品。承包户应得的物质利益，是完成合同任务后的全部合法所得。

2. 自有经营型

自有经营是农户利用为集体所有、农户永久占用的住宅庭院，包括房前屋后及划归农户开发利用的街道路边和隙地，利用自有资产(财产)而独立进行的家庭开发经营。它与集体经济组织没有经济承包关系，不受集体组织的直接指挥控制，而以市场需求为导向，自行独立地进行生产经营活动。它是一种独立性较强的家庭自营经济。它可以与集体经济服务组织及其他农村经济组织发生业务往来关系，但这些往来关系，均是一种独立经济单位之间的经济关系，而不是行政隶属关系。

家庭自营型经济是以提供市场商品为目标，进行较大规模或较多商品生产的开发性经济。它包括农民家庭庭院经营和农民家庭企业经营两种形式。家庭庭院经营，它是一种利用家庭有利条件，如利用自家的劳力、技术、资金、设备等，进行商品生产的市场经营。家庭企业经营，是指农户庭院开发经营扩大后，退包或转包农田，在集体经济组织统一规划下，拨给场地，建立专业养殖场(如养鸡场、养猪场)、专业加工厂(如豆制品厂、服装厂)等，实行企业化经营。这种家庭专业化的独立企业经营，已经不是典型的家庭农场经营。

3. 承包经营与自有经营相结合型

随着农村经济体制改革的深入、市场经济发展与家庭农场经营自主权的扩大，自有经营型比重加大，多数农户是承包经营与自有经营相结合型，少数是自有经营型。

（二）按从事农业生产劳动专业化程度划分

一般分为专业农户和兼业农户。兼业经营农户，按照家庭主要男劳动力从事农业生产的天数不同，又分为一兼农户和二兼农户。

1. 专业农户经营

专业农户经营又称专业化经营，是指农民家庭中的整男劳动力，主要从事农业（包括农、林、牧、渔业）的生产经营，其家庭收入主要来源于农副产品的生产销售收入。这种专业经营户是在农业剩余劳动力大量转移到第二、三产业的农村工业化过程中，而形成的纯农业生产农户。这类纯农业户，为了充分利用劳动力资源、劳动时间，以及集体经济组织提供的各种服务。一方面扩大生产规模，进行适度规模经营；另一方面采用现代化的生产工具设备，发展相应的生产项目。所以，它被称为农业现代化的专业农户，即家庭农场。

2. 兼业农户经营

（1）一兼农户经营。一兼农户经营是指在家庭经营中以经营农业为主，又兼营非农产业。这类兼业户，其家庭中必须有一个整劳动力从事农业生产，且在一年内其从事农业劳动的时间要在150天以上，即称之为一兼农户。这种兼业农户经营的特点是，农业是家庭经营的主业，占主要的地位，或至少是主业经营项目之一。

（2）二兼农户经营。二兼农户经营是指在家庭经营中，是以经营非农产业为主，以兼营农业为辅。这类兼业户，家庭成员中的主要劳动力从事农业生产活动的时间，全年在150天以下，即称之为二兼农户。这种兼业农户经营的特点是，非农产业是家庭经营的主业，农业则处于副业的兼业地位。从发展的趋势看，这部分农户将逐步脱离农业，完全转向非农经营，把土地通过转包或其他的流转形式集中到农业专业户。这样，既可以减少农业资源的浪费，又有利于促进农业专业户的规模经营。

（三）按家庭经营的组织化程度划分

1. 单个经营型

单个经营是指分散经营。我国家庭农场经营的基本特点之一，是小规模分散经营。

2. 联合经营型

联合经营一般有以下几种形式：一是农户之间的相互联合。由农户共同集资投劳，形成新的联合体，从事某种专业化的生产经营，且大多是经营非农产业。其特点是规模小，经营灵活，适应性强。二是农户与村级社区合作组织联合。由集体提供资源、设备和场地，由若干农户自愿组合的经济联合体，承包经营。其收入在上交承包利润和提留公共积累后，大部分按劳分配，一部分按股金分配。三是专业生产者协会。这是一种松散的合作组织，未形成经济实体，入会成员自主经营，只在生产经营过程的某些环节上进行合作，以便实行自我服务。四是农户参与农业产业化经营。

（四）按家庭经营的商品化程度划分

1. 自给型经营

自给型农户经营是一种自给自足的经营方式，生产的目的不是为了交换，而是直接获取使用价值，以满足家庭成员基本生活消费的需要。其特点是：

(1)以自身的消费定产。在自家既定的资源条件下，按照家庭成员生活消费的需求，决定生产什么，生产多少；在自家生产能力所及的范围内，吃什么种什么，不需要也不可能有科学的预测，只凭借自己的经验和既有的“套路”安排生产。

(2)“小而全”式的农业经营。在较低农业生产水平下，自给型农户经营游离于社会分工之外，自成体系，构成封闭式的投入产出系统，进行再生产过程的内部循环。自给自足的小农通过自家生产来满足对多样化生活消费品的需求，必然导致“小而全”的农业经营方式。因而，“家庭是自给自足的……这差不多是十足的自然经济，货币几乎根本不需要”。[①]

(3)回避风险的简单管理。自给型经营的农户，一般比较保守，不愿也无力承担风险。一方面，农业生产受自然环境影响较大，生产和收成的不稳定性，会给他们的生存带来威胁；另一方面，他们所掌握的农业技术比较传统，生产率低下，从而造成收入水平的低下。故他们在生产中力图回避风险，以减少因此而造成损失的可能性。如果他们想要引进新品种或采用新技术，把产量提高一倍，则需要更为复杂而严格的管理，否则，随之而来的将是失败或更大的损失。

2. 商品型经营

商品型农户经营是指为他人生产使用价值，为自己生产价值，即为交换而进行生产。其经营特点包括以下几点：

(1)以市场为导向。家庭农场经营活动是以市场需求为导向，依据产品和要素市场的供求变化及价格涨落情况，制订生产计划，安排生产项目。因而，农户必须重视市场调查和预测，并借此实行“以销定产”，使供、产、销过程在市场导向下良性循环。

(2)实行专业化经营。一般地说，以较高商品率为特征的商品型农户经营，都是建立在专业化经营的基础之上。专业化经营

---

① 马克思恩格斯全集. 北京：人民出版社，1990：(4)，289-299.

有利于发挥劳动者的专长技能，充分利用农户的资源优势，提高劳动生产率，进而提高产出商品率以获得更多的货币收入。

(3)追求利润最大化。与自给型农户经营不同，商品型农户经营是通过市场交换出售自己的产品，并承担较大的市场风险，才能获取较多的货币收入。因此，它必须重视价值生产，降低产品成本，追求利润最大化，而不是追求产量最大化。

3. 自给型与商品性结合经营

自给型与商品型结合经营是一种半自给、半商品型农户的经营方式。它既从事自给性生产，直接为家庭成员提供生活消费资料，又从事商品性生产，用于市场交换以获取货币收入。它是介于自给型与商品型农户经营之间的过渡形态，也被称为半商品型农户经营。其经营特点包括以下几点：

(1)具有三重经营目标。一是为家庭成员生活消费提供以粮食为主的农产品，即生存目标；二是作为社区合作经济组织基础层次，必须完成国家对农产品的合同订购任务，并交足集体规定的各项提留、统筹任务，即任务目标；三是以市场为中介实现自家生产的，使用价值和价值的转换，以获取更多的货币收入，即效益目标。

(2)实行兼业经营。在半商品型农户中，大多实行农业与非农业的兼业经营。有的是以经营农业为主、非农产业为辅的一类兼业户；有的是以经营非农产业为主、农业为辅的二类兼业户。经营农业(特别指粮食生产)多以自给性为主，经营非农产业则是商品性的。

(3)半开放式的投入产出系统。半开放式的投入产出系统的开放程度介于自给型与商品型之间，处于从封闭到开放的变化之中。随着农户经营商品化程度的不断提高，其经营过程与社会(市场)结合将愈加紧密，那种孤立、封闭的经营状态逐步被打破，表现为农户生产经营所需的各种生产要素逐步由以家庭自给为主转变为以市场购入为主；生产的产品由直接满足家庭生活需要为主转变为满足市场需要、换取更多的货币收入为主；生产过程的各环节也从“小而全”、“万事不求人”逐步转变为对社会化服务体系的依赖。

二、家庭农场经营的近期发展趋势

国内外农业发展的实践证明，家庭农场经营具有特殊的地位和作用，它是一种有效率的农业经营组织形式。但在我国现阶段，由于人多地少，第二、三产业不发达，农户生产规模过小，土地过于分散等许多不利因素，使家庭农场经营未能充分发挥其潜能，还存在一些缺陷和不足。

根据我国农村工业发展和农业现代化的需要，家庭农场经营将长期存在，并发挥越来越重要的作用。在未来一段时期，家庭农场经营的发展，依赖于进一步加快农村社会化服务业，促进农村土地转移市场的形成与规范，大力发展农村生产专业化和适度规模经营，逐步克服传统家庭农场经营的缺陷，更好地发挥家庭农场经营的作用，具体有以下发展趋势。

（一）多种形式的农村社会化服务

在商品经济条件下，随着第一、二产业的发展，社会化服务业应有相应的迅速发展，这是世界各国经济发展的共同规律。在我国农村社会化服务业中，有农业生产社会化服务业，有庭院开发社会化服务业。其发展的项目，有产前的技术信息指导、市场经营指导服务；有农用种子、化肥、农药、饲料供应等原材料供应服务；有产中的农业机械耕作、排灌、植保、兽医防治等作业服务；有产后的产品储藏、加工、运输、销售服务等。另外，还有联合商业服务业，市场经销服务业等。服务业的组织形式，有农户联合兴办的服务业和农民家庭办的服务业等，并将在农户服务的基础上，逐步发展成企业化服务。

（二）农户土地的合理流转

随着农村剩余劳动力的转移，土地的规模化经营已成为必然。只有土地有效流转，土地的生产潜力得到充分发挥，才能提高资源配置效率。我国相关法律规定，承认土地的使用权与土地的经营权可以相互分离等，为土地的合理流转提供了政策依据和法律保障。

为进一步规范农村土地承包经营权流转行为，维护流转双方当事人合法权益，自2005年农业部公布了《农村土地承包经营权流转管理办法》以后，各地方政府陆续发出“做好农村土地承包经营权流转管理工作的通知”或条例，按照规定，承包方依法取得的农村土地承包经营权可以采取转包、出租、互换、转让或其他符合有关法律和国家政策规定的方式流转。尤其是在江浙等发达地区，已经探索出一些行之有效的土地流转方式，为进一步的深化和完善土地的流转制度，使土地逐步向种田能手集中，逐步实现农业的规模经营奠定了一定的基础。

（三）农业的适度规模经营

农业适度规模经营的目标是，在提高（至少不降低）土地生产率的前提下，提高劳动生产率，降低农产品成本，增加利润。劳动生产率是土地规模经营的下限，土地生产率则是其上限。土地规模过小，不利于提高劳动生产率；土地规模过大，则不利于提高土地生产率。因此，发展农业适度规模经营，应正确处理土地规模与集约经营之间的关系，不应降低集约经营水平去扩大土地规模。随着农村市场经济发展，家庭农场经营的经济实力和科技投入的增加，农民家庭对适度规模经营的要求就会增强，其经营规模就会逐步扩大。与此相适应，农户经营的专业化程度提高，不断涌现专业化种植大户、养殖大户、运输大户、工副业加工大户，以及各种形式的企业化经营等。

（四）多种形式的经济联合

经济联合是社会经济由小生产转向社会化大生产的必然趋势。现阶段，家庭农场经营还是一种小生产经营，适应小商品、小市场的经营环境。随着农村市场经济的繁荣，这种小生产必将不适应大市场，需要通过各种形式的经济联合，形成大生产或小规模群体开发的地域性大批量生产。一是农户间的生产联合，可以是劳动合作社，或是土地入股的股份合作社；二是跨行业的横向经济联合，如农户与某供销社或加工厂联合，形成联合企业；三是与集体经营层次的纵向经济联合，如家庭农场经营与集体经营层次的某种生产或作业联合，形成联合企业；四是与国有、集体经济组织的纵向联合，家庭农场经营与工商企业联合，形成贸、工、农一体化，即“公司＋农户”形式。其联合的方式有：紧密型与松散型，整体联合型与单项联合型，短期联合型与长期联合型等。

第三节　家庭农场的领头人

发展家庭农场是为了应对“谁来种地、地怎么种”的问题。一方面，大量青壮年劳动力离土进城，在一些地方出现农业兼业化、土地粗放经营甚至撂荒；另一方面，愿意种地、能种好地的专业农民，比如专业大户，在发展自身的过程中由于土地政策的限制，“吃不饱”、“舞台”规模太小，一些农业生产设施没有办法“大展拳脚”。

当家庭农场成为涉农部门扶持的一种组织形式后，因为有相当多的政策优惠，很多主体都跃跃欲试想组建家庭农场。其中有经营农户、农业技术合作社、返乡创业的农村居民，还有不少城镇居民，更有许多拥有资本的工商企业。因此，政府需要对谁来做家庭农场的创建者有所规范。

我国扶持家庭农场发展，主要是培育以在从事农业劳动的种植和养殖大户和立志从事农业的毕业生为来源的家庭农场。这其实是基于家庭农场这种形式可以克服农业企业大规模种地和小农户粗放经营弊端，在它们之间走的“中间路线”，既有利于实现农业集约化、规模化经营，又可以避免企业大量租地带来的种种弊端。现在国内有些地方出现了一种风潮，一些工商企业长时间、大面积租种农民承包地。这种方式既挤占农民就业空间，也容易导致土地的“非粮化”、“非农化”。所以国家政策不把那些圈地后再转包经营、自己根本不参加农业生产的“夹包老板”视为家庭农场经营者，也不鼓励这些“下乡老板”通过土地流转，促使“农民进城”，成为失地农民。

2014 年 2 月 24 日，农业部以农经发〔2014〕1 号文件《关于促进家庭农场发展的指导意见》(以下简称《指导意见》)指出：“现阶段，家庭农场经营者主要是农民或其他长期从事农业生产的人员，主要依靠家庭成员而不是依靠雇工从事生产经营活动。家庭农场专门从事农业，主要进行种养业专业化生产，经营者大都接受过农业教育或技能培训，经营管理水平较高，示范带动能力较强，具有农产品生产能力。”

《指导意见》指出，家庭农场领建者主要是农民或其他长期从事农业生产的人员。目前，我国有 2.6 亿承包农户，其中大多数还在从事农业生产。在培育家庭农场时，必须首先考虑到他们的发展需要。从普遍意义上讲，尤其在中西部欠发达地区，现阶段培育家庭农场经营者应当以承包农户为主，政策扶持的重点是在承包农户中产生的规模经营农户，而不是鼓励城镇居民下乡种地。同时，家庭农场经营者也可以是其他长期从事农业生产的人员。政策考虑的基础是，在一些经济发达地区，大多数青壮年已经进入第二、三产业，愿意长期从事农业的不多。因此，鼓励中高等学校特别是农业职业院校毕业生、新型农民和农村实用人才、务工经商返乡人员等兴办家庭农场，有利于解决这些地区的“谁来种地”问题。

总之，政府鼓励那些亲自劳动、直接种地的劳动者及其家庭成立家庭农场，享受相关的政策优惠。

【经典案例】

大学生和他的家庭农场

韩军亮，是从农村走出来的大学生，带着全家人的希望，他完成了四年的学业。然而，毕业后，韩军亮做出了一个惊人的决定：重新学习做农民。如今，韩军亮种地种出了名堂，他的红薯远销北京、山东和河南等地。

记者来到河北省无极县张段固乡东辛庄村，韩军亮正带领十几位村民给农田覆膜浇水，沟坎上栽种着一棵棵红薯苗。“栽苗时要注意株距行距，浇了水之后先等一等，等水渗下去之后，再填土掩埋根部，这样成活率高。”韩军亮叮嘱道。

韩军亮生于 1985 年 4 月，是藁城市丘头镇靳庄村人，从小就颇具商业头脑，在高中时他一边练体育，一边贩卖运动鞋，还小赚了一笔。2006 年，韩军亮考上了大学，他利用课余时间勤工俭学，给别人送桶装水。后来韩军亮瞅准时机，做起了桶装水厂家代理，渐渐地学院办公楼、宿舍楼的桶装水都由他来供应。虽然赚得都是辛苦钱，但销量很大，慢慢地韩军亮也有了点积蓄。

2010 年 6 月底，韩军亮大学毕业了。跟同学们一样，他也想留在大城市谋求发展，还专门去北京四处求职，却屡屡碰壁。后来，韩军亮回到家乡。一次偶然的机会，韩军亮参加一个农产品博览会，他看到各种新鲜的红薯、萝卜十分受欢迎。他突发奇想：“现在村里的年轻人都不愿意种地，将来我们这一代人，种地的人会越来越少。我何不承包一些土地，种植经济作物。"经过多方考察，他下定了决心，回家当农民种红薯。他先请河北省农林科学院的专家在藁城、无极等地检测，最后发现无极县张段固乡的土壤最适合种红薯。2011年秋，韩军亮在无极县承包了50亩[①]农田。

第二年春天，他专门订购河北省农林科学院的龙薯九号苗。这种红薯体型瘦长，深受市场欢迎，生长期在80～120天，时间短产量大。韩军亮雇村民们栽种，请农科院的专家进行现场指导，怎么浇水，怎么施肥，怎么管理，村民们一学就会，个个成了技术能手。到了成熟的季节，韩军亮又四处跑销路，北京、郑州、济南、青岛的客户看了样品，一订货都是一大拖挂车。那年，韩军亮挣了七八万元，他第一次从土地上尝到了甜头。

2012年秋天，韩军亮将承包面积扩大到90亩。他一边种植，一边苦学技术。这一年，他的纯利就高达十几万元。2013年，"家庭农场"的概念被提出，韩军亮意识到，农业的春天来了。为此，他专门到南方考察学习，看到很多种植大户都有上万亩土地，他的胆子也更大了，步子迈得更宽了。2013年秋，韩军亮在东辛庄承包了600亩地，在老家藁城市丘头镇承包了200亩地，总计800亩，搞起了家庭农场。

附近村民见此情景，有的过来和韩军亮谈合作，有的来取经，韩军亮都一一热情接待，支持鼓励他们发展种植业。最近，韩军亮注册了河北慧亮农业开发有限公司，他准备甩开膀子大干一场，并带领村民共同致富。

"村里的年轻人都在外面做买卖，谁还种地？刚开始，大家都说韩军亮上学上傻了，竟然来这里包地种地。没想到，人家种地也种出了名堂。"村民张国芳称赞道。

---

① 1亩≈0.0667公顷。

模块二　家庭农场的扶持政策

目前，国家正加大对专业大户、家庭农场和农民合作社等新型农业经营主体的支持力度，实行新增补贴向专业大户、家庭农场和农民合作社倾斜政策。国家鼓励和支持承包土地流转，发展多种形式的适度规模经营。鼓励有条件的地方建立家庭农场登记制度，明确认定标准、登记办法、扶持政策。探索开展家庭农场统计和家庭农场经营者培训工作，推动相关部门采取奖励补助等多种办法，扶持家庭农场健康发展。

第一节　生产类、建设类的扶持政策

一、生产类政策

（一）粮食生产补贴

1. 粮食直补

粮食直补是国家从 2004 年起在全国范围内将补贴在粮食流通环节的资金拿出一部分直接补贴给种粮农民的惠农政策。直接补贴的标准，按照能够补偿粮食生产成本并使种粮农民获得适当收益，有利于调动农民种粮积极性、促进粮食生产的原则确定。直接补贴办法可以按粮食种植面积补贴，可以与种粮农民出售的商品粮数量挂钩。按照公开、公平、公正的原则，把对种粮农民直接补贴的计算依据、补贴标准、补贴金额逐级落实到每个农户，并张榜公布，接受农民监督。

粮食直接补贴具体实施方案由省级人民政府制定。浙江省2013年粮食直补政策规定：对全年稻麦种植面积20亩以上的种粮大户(含经县级农业部门审查认定，报省、市农业部门备案的规范化粮食专业合作社以及杂交稻制种基地农户)，按稻麦实际种植面积给予每亩30元的直接补贴，其中省财政承担25元，市、县(市、区)财政承担5元。对种植油菜面积5亩及以上的农户，省财政按实际种植面积给予每亩20元的直接补贴。

2. 粮食最低价格收购

国家为保护农民利益、保障粮食市场供应，在粮食主产区执行规定具体的粮食品种和最低收购价格的政策，由国家发展和改革委员会公布收购的粮食品种和最低价格，有关粮食产区的省级人民政府执行，不是全国统一执行的政策。最低收购价格一年一定。

3. 农资综合直补

国家为弥补种粮农民因柴油、化肥、农药、农膜等农资价格上涨带来的生产成本增加而实行的一种直接补贴政策。农资综合直补资金由中央财政安排，原则上按照种粮面积核定金额兑补，具体由省级人民政府根据本地实际情况确定。浙江省平均补贴标准每年每亩40元。农资综合直补资金由县级财政部门通过中国农民补贴网，采取“一卡通”或“一折通”等形式将补贴资金直接支付到户，农民可带居民身份证和“一卡通”或“一折通”到信用社领取。

4. 产粮大县补贴

为确保国家粮食安全，促进我国粮食、油料生产发展，逐步缓解产粮(油)大县财政困难，调动地方政府抓好粮食、油料生产的积极性，2005 年财政实行对产粮大县的奖励政策。农民可以通过国家对产粮大县的奖励资金，得到种粮的补贴。浙江省实行订单农业奖励政策，省财政对按订单向国有粮食收储家庭农场交售省级储备早稻谷(包括订单交售水稻种子)的种粮农户给予奖励，种粮大户、粮食专业合作社社员按订单每交售 50 千克早稻谷奖励 30 元，每亩最高奖励 240 元；其他农户按订单每交售 50 千克早稻谷奖励 20 元，每亩最高奖励 160 元；适当提高订单杂交稻种子奖励标准，订单水稻种子制种基地农户每交售 50 千克杂交水稻种子奖励 100 元，每亩最高奖励 300 元；每交售 50 千克常规水稻种子奖励 30 元，每亩最高奖励 240 元。

(二)农作物良种补贴

农作物良种是指经国家或省级农作物品种审定委员会审定，适合推广应用，符合农业生产需要和市场前景较好的农作物品种。财政补贴的农作物品种包括水稻、小麦、玉米、大豆、油菜、棉花和国家确定的其他农作物品种。良种补贴标准为：早稻、小麦、玉米、大豆和油菜每亩 10 元，中稻、晚稻和棉花每亩 15 元。水稻、玉米、油菜采用现金直接补贴方式。良种补贴标准如有调整则按新标准执行。

良种补贴资金的补贴对象是在农业生产中使用农作物良种的农民。

良种补贴范围是国家规定补贴品种的种植区域。良种补贴资金发放实行村级公示制，公示的内容包括农户良种补贴面积、补贴品种、补贴标准、补贴资金数额等。乡镇级农业管理机构、财政所组织村级公示，公示时间不少于 7 天。公示期间，听取农民群众的意见，接受群众监督，发现问题及时纠正。

（三）测土配方施肥和病虫害防治补贴

1. 测土配方施肥补贴

为了促进农民能够科学合理地用肥、施肥，减少农民盲目施肥和过量用肥，提高肥料的利用效果，自 2005 年起，国家安排专项资金对项目县进行测土配方施肥补贴政策。国家安排的测土配方施肥专项资金是补贴给承担测土配方施肥任务的农业技术推广机构和加工配方肥料的家庭农场，补贴用于测土、配方、配肥等环节所发生的费用和土壤采样、分析、化验、配肥设备购置费用。农民请农业技术推广机构和加工配方肥料的家庭农场进行测土、配方全部免费服务。农民不能享受财政测土配方施肥补贴。

2. 病虫害防治补贴

农区发生的传染性强、对农业生产造成严重损失的重大病虫害，可以得到中央财政农作物病虫害防治专项资金补助。病虫害防治专项补助资金用于防治所需农药、机动喷雾（烟）机、燃油、雇工和劳动保护用品支出的补助。一般不直接补助给农民。

（四）现代农业生产补贴

中央财政现代农业生产发展资金通过地方各级财政部门，采取贷款贴息、以奖代补、以物代资、先建后补等多种形式支持各地优势特色农业发展，促进粮食等主要农产品有效供给和农民增收。中央财政现代农业生产发展资金围绕粮食等优势主导产业，进行重点支持。各省财政部门根据中央财政下发的立项指南和资金控制规模，结合当地现代农业发展实际，会同同级相关部门，自主确定资金使用的方向和支持的重点环节，编制立项和资金申请报告，并附项目实施方案报财政部备案。浙江省重点扶持粮油、蔬菜、茶叶、果品、畜牧、水产养殖、竹木、花卉苗木、蚕桑、食用菌、中药材等。

县级财政部门会同农业等有关部门，根据省下发的立项指南和资金控制指标，结合当地现代农业发展目标和总体规划，选择重点支持环节，落实项目实施单位，按照立项和资金申请报告的要求，编写产业发展项目实施方案，联合上报省财政和省农业部门。地方财政部门对农业龙头家庭农场的支持，必须遵循以农民为受益主体的原则，只对直接带动农民增收的农产品生产基地的生产环节给予支持，单个农业生产龙头家庭农场支持额度超过100万元的，必须在项目实施方案中单独列示资金补助方式及资金的具体用途。

（五）林业补贴

1. 公益林补贴

中央财政设立森林生态效益补偿基金用于公益林的营造、抚育、保护和管理。公益林中央财政补偿基金的补偿标准为每年每亩5元，其中，4.75元用于国有林业单位、集体和个人的管护等开支，0.25元用于省级林业部门组织开展的重点公益林管护情况检查验收、跨重点公益林区域开设防火隔离带等森林火灾预防，以及维护林区道路的开支。

2. 退耕还林补助

对现行退耕还林粮食和生活费补助期满后，中央财政安排资金，继续对退耕农户给予适当的现金补助，解决退耕农户当前生活困难问题。补助标准为每亩退耕地每年补助现金105元；原每亩退耕地每年20元生活补助费，继续直接补助给退耕农户，并与管护任务挂钩。补助期为：还生态林补助8年，还经济林补助5年，还草补助2年。根据验收结果，兑现补助资金。各地可结合本地实际，在国家规定的补助标准基础上，再适当提高补助标准。

（六）农业科技推广示范项目补贴

农业科技推广示范项目专项资金主要补助应用农业科技手段，推广新技术发展农业生产，增加农民收入和社会效益，具有起示范推动作用的项目。这包括农作物、畜禽、水产品优良新品种繁育与农业高效高产技术项目；农产品加工、保鲜技术项目；重大动植物病虫防治技术项目；农业资源综合开发利用技术项目；节水农业和农业生态环境保护技术项目；适用农机和农业信息化技术项目等。

农业科技推广示范项目实施单位应有承担项目研究与推广的技术和经济能力，规定农业技术研究推广机构、家庭农场、农民合作经济组织、行政村可以成为申报补助的主体，申请财政专项资金的补助，农民个人不能单独申请农业科技推广示范项目专项资金。

项目实施单位在申报农业科技推广示范项目时，要具有下列目标要求：

(1)示范项目要与当地农业结构战略性调整、农业可持续发展、增加农民收入和推动家庭农场产业化经营相结合。

(2)体现区位优势。按照合理区域布局要求，确定开展技术示范的主导产业。

(3)形成示范能力。项目建设后，项目区生产设施、生态环境和技术推广应用条件要有明显改善，具备开展技术示范的能力。

(4)示范推广先进实用技术。要依托农业科技部门，进行农业新品种、新技术、农业标准化生产的示范推广。

二、建设类政策

（一）农业综合开发补助

1. 产业化经营财政补助

财政补助资金的使用范围：一是种植基地项目，主要用于种苗繁育，经济林及设施农业种植基地所需的灌排设施，农用道路，输变电设备及温室大棚，质量检测设施，新品种、新技术的引进、示范及培训等；二是养殖基地项目，主要用于种畜禽和水产种苗繁育及畜禽和水产养殖基地所需的基础设施，疫病防疫设施，废弃物处理及隔离环保设施，质量检测设施，新品种、新技术的引进、示范及培训等；三是农产品加工项目，主要用于与技术改造，产品升级和废弃污染物综合利用等相配套的设施设备，质量检验设施，卫生防疫及动植物检疫设施，引进新品种、新技术，对农户进行培训等；四是储藏保鲜、产地批发市场项目，主要用于农副产品市场信息平台设施，交易场所、仓储、保鲜冷藏设施，产品质量检测设施，卫生防疫与动植物检疫设施，废弃物配套处理设施等。

家庭农场产业化经营项目由农业龙头家庭农场和农民专业合作社申报和组织实施。农民个人不能单独申报家庭农场产业化经营项目。项目的补助标准为：农民专业合作社项目中央财政补助资金规模为 50 万～100 万元。省财政资金按中央财政资金的 80％比例配套。市、县(市、区)财政按政策规定落实配套资金。项目单位按政策规定落实相应的自筹资金投入，其中农民专业合作社自筹资金不低于所扶持财政补助资金总额的 50％。

农民专业合作社要成为家庭农场产业化经营项目实施单位，应具备下列条件：

(1)一般为 2011 年 12 月 31 日以前在工商部门登记注册，取得法人资格。

(2)合作社法人具有良好社会形象和诚信记录，具备相应的项目建设经验和经营管理能力。

(3)符合《中华人民共和国农民专业合作社法》有关规定，产权明晰，章程规范，运行机制合理，盈余返还。

(4)经营状况良好，实力较强，财务管理比较规范，净资产不低于申请财政补助资金总额的50%。

(5)运营规范，农户社员规模较大，示范带动作用强。

2. 农业综合开发财政贴息

符合规定的产业化龙头家庭农场和农民专业合作社实施的农业综合开发产业化经营项目，从国有商业银行、股份制商业银行、城市商业银行、农村信用合作社等金融机构的银行贷款利息，包括固定资产贷款和季节性收购农副产品流动资金贷款利息，可以得到农业综合开发中央财政贴息资金支持。

项目单位申请贴息资金时，应当提交银行贷款合同、贷款到位凭证、贷款银行出具的利息结算清单等原始凭证及其复印件，并填报《农业综合开发中央财政贴息资金申请表》和《农业综合开发中央财政贴息项目申请表》，向所在地财政部门提出贷款贴息申请。

(二)农田水利建设补贴

1. 小型农田水利建设补助

小型农田水利建设补助资金，是指由中央财政预算安排的，采用“民办公助”方式，支持农户、农民用水合作组织、村组集体和其他农民专业合作经济组织等，开展小型农田水利设施建设的补助资金。这主要用于支持重点县建设和专项工程建设两个方面。专项工程建设方面重点支持雨水集蓄利用、高效节水灌溉、小型水源建设，以及渠道、机电泵站等其他小型农田水利设施修复、配套和改造。资金安排上实行“民办公助”政策，财政只对建设项目的材料费、设备费、施工机械作业费等给予补助。

2. 节水灌溉财政贴息

节水灌溉贷款中央财政贴息资金主要用于各类银行(含农

村信用社)发放的渠道防渗灌溉、管道输水灌溉、喷灌、微灌等节水灌溉工程及相配套的节水灌溉措施，节水灌溉水源工程及相配套的设施设备，集雨节灌等节水灌溉项目建设银行贷款的利息补助。具有还款能力的地方水管单位、农户、农民合作组织、村组集体等，都可以按规定要求申请节水灌溉贷款贴息。

第二节　流通类、专项类的扶持政策

一、流通类扶持政策

(一)畜牧业补贴

1. 生猪标准化养殖补助

生猪标准化养殖项目财政补助资金主要支持建设粪便污染处理，猪舍标准化改造，水、电、道路、防疫等配套设施建设。

项目申请单位的条件如下：

(1)实行人畜分离、集中饲养、封闭管理。

(2)符合乡镇土地利用总体规划，不在法律法规规定的禁养区内。

(3)经改造后猪粪污染集中处理、达标排放，实行饲养标准化。

(4)优先支持农民专业合作组织的规模养殖场(小区)。

同时，年出栏500头以上的标准化规模养殖场可根据相关部门的要求申请补助。

2. 畜牧业综合优惠

综合优惠具体有以下几项：

(1)动物疫病强制免疫。国家对高致病性禽流感、牲畜口蹄疫、高致病性蓝耳病、猪瘟4种动物疫病病种，在每年春季、秋季开展两次强制免疫，平时根据补栏情况随时补免。规模饲养场户在兽医部门指导下由本场技术人员进行，农户分散饲养的畜禽由村级防疫员上门服务。

(2)动物强制免疫疫苗费用。动物强制免疫疫苗由政府免费提供，兽医部门负责供应，养殖场或养殖户不用付费。免疫后发放免疫证明，对猪、牛、羊佩戴耳标，也不收取任何费用。强制免疫疫苗经费全部由中央财政和地方各级财政承担。

(3)禽流感防治费用。根据地区差异和各地财政状况，中央财政对不同地区禽流感防治实行差别补助政策。禽流感疫苗经费按鸡0.5毫升/只、鸭鹅1毫升/只，其他禽类按实际使用疫苗数量计算。疫苗价格暂按0.2元/毫升计算。强制免疫疫苗费用全部由国家负担，非强制免疫所需疫苗经费，由国家负担50%，养殖户负担50%。禽流感扑杀补助经费由中央财政与地方财政负担，扑杀补助标准为：鸡、鸭、鹅等禽类每只补助10元，各地可根据实际情况对不同禽类和幼禽、成禽的补助有所区别。

(4)动物疫病预防、控制和扑杀补偿。养殖场或养殖户因动物疫病预防和控制、扑杀的需要，被政府强制扑杀的动物、销毁的动物产品和相关物品所造成的损失，由县级以上人民政府给予补偿，中央财政一般补偿60%，地方财政补偿40%。各地具体补偿标准不完全一致。

3. 能繁母猪补贴

能繁母猪补贴程序是，乡镇现场调查，县(市、区)汇总核查并经分类公示无异议后，上报省农业厅、财政厅。经省农业厅、财政厅核实无误后，财政厅将省级补贴资金下拨各县(市、区)财政部门，然后由各县(市、区)财政部门对外张榜公示，并经县财政部门会同有关部门核实后将省级补贴资金与县配套资金，通过"一卡通"等结算方式直接兑现到农户(场)。

养殖户将能繁母猪参与商业保险，每头能繁母猪交保费60元，其中中央及地方政府负担48元，养殖户自负12元。能繁母猪保险后，发生洪水、台风、暴雨、雷击等自然灾害，蓝耳病、猪瘟、猪链球菌、口蹄疫等重大病害及泥石流、山体滑坡、火灾、建筑物倒塌等意外事故，投保户能获最高赔偿每头1000元。

(二)鲜活农产品"绿色通道"补贴

驾驶员驾驶装载运输鲜活农产品的车辆经过收费站时，应走标带有统一指路标志的"绿色通道"专用道口，并出示《绿色通道通行证》。装载鲜活农产品的车辆在"绿色通道"上行驶免费通行要符合下列条件：

(1)装载的是《鲜活农产品品种目录》内的鲜活农产品。

(2)整车全部装载鲜活农产品，即装载鲜活农产品应占车辆核定载重量或车厢容积的80%以上，且没有与非鲜活农产品混装等行为。

鲜活农产品是指新鲜蔬菜、水果，鲜活水产品，活的畜禽，新鲜的肉、蛋、奶等。畜禽、水产品、瓜果、蔬菜、肉、蛋、奶等的深加工产品，以及花、草、苗木、粮食等不属于鲜活农产品范围，不适用"绿色通道"运输政策。

(三)油价补贴

国务院于2008年决定实施石油价格和税费改革后，从2009年起对于种粮农民因当年成品油价格变动引起的农民种粮增支，继续纳入农资综合直补政策统筹考虑给予补贴，对种粮农民综合直补只增不减。

当国家确定的成品油出厂价，高于2006年成品油价格改革时的分品种成品油出厂价(汽油4400元/吨、柴油3870元/

吨)时，才给予油价补贴，低于上述价格时，停止补贴。种粮农民补贴，实行考虑柴油、化肥等生产资料涨价因素的综合直补办法解决，油价补贴包含在农业综合直补中，不单独补贴。

二、专项类扶持政策

(一)支持农民专业合作组织

1. 合作社扶持政策

农民专业合作社享有下列扶持政策：国家支持发展农业和农村经济的建设项目，可以委托和安排有条件的农民专业合作社实施；中央和地方财政应当分别安排资金，支持农民专业合作社开展信息、培训、农产品质量标准与认证、农业生产基础设施建设、市场营销和技术推广等服务。对民族地区、边远地区和贫困地区的农民专业合作社和生产国家与社会急需的重要农产品的农民专业合作社给予优先扶持；国家政策性金融机构应当采取多种形式，为农民专业合作社提供多渠道的资金支持，具体支持政策由国务院规定。国家鼓励商业性金融机构采取多种形式，为农民专业合作社提供金融服务；农民专业合作社享受国家规定的对农业生产、加工、流通、服务和其他涉农经济活动相应的税收优惠。支持农民专业合作社发展的其他税收优惠政策，由国务院规定。

2. 财政支持政策

农民专业合作组织在下列几个方面可以享受财政支持：引进新品种和推广新技术；雇请专家、技术人员提供专业技术服务；对合作组织成员开展专业技术、管理培训和提供信息服务；组织标准化生产；农产品粗加工、整理、储存和保鲜；获得认证、品牌培育、营销和行业维权等服务；改善服务手段和提高管理水平的其他服务。

符合享受财政支持政策条件的农民专业合作组织，根据财政部门的要求，准备申报材料，向所在地县级财政部门提出书面申请，具体申报手续，按县级财政部门的有关规定办理。县级财政部门按照中央和省级财政部门的补助政策规定，在取得项目验收合格，报经批准后，将补助款拨付给农民专业合作组织。农民专业合作组织接受中央财政农民专业合作组织发展资金所形成的资产，归农民专业合作组织成员共同所有，由农民专业合作组织监事会监督。

3. 办理登记和无公害农产品认证费用

当地工商行政管理部门对农民专业合作社实行全面免费登记；取消农民专业合作社设立登记费、变更登记费，取消对农民专业合作社的年度检验。

国家鼓励和支持农民专业合作社申报无公害农产品、绿色食品和有机食品，开展农产品质量和环境认证，推进农业标准化。国家从事无公害农产品产地认定部门和产品认证机构对农民专业合作组织申报无公害农产品认证不收费。检测机构的检测标志按国家规定收取费用。

4. 合作社的税收优惠政策

依照《中华人民共和国农民专业合作社法》设立和登记的农民专业合作社可以享受4项税收优惠政策，并从2008年7月1日起执行。

(1)对农民专业合作社销售本社成员生产的农业产品，视同农业生产者销售自产农产品免征增值税。但是，农民专业合作社销售外购农产品，以及外购农产品生产、加工后销售虽属列举的农产品，但不属免税范围，应照章征收增值税。

(2)增值税一般纳税人从农民专业合作社购进的免税农产品，可按13%的扣除率计算抵扣增值税进项税额。这里规定购进的是农民专业合作社销售的“免税农产品”，其他农产品或商品则必须按照现行增值税法规定计算抵扣。

(3)对农民专业合作社向本社成员销售的农膜、种子、种苗、化肥、农药、农机，免征增值税。

(4)对农民专业合作社与本社社员签订的农产品和农业生产资料购销合同，免征印花税。

农民专业合作社其他税收优惠，按照税收管理权限，根据各地情况确定。如浙江省规定：对农民专业合作社销售社员生产和初加工农产品，视同农户自产自销，暂不征收个人所得税；对农民专业合作社的经营用房，免征房产税和城镇土地使用税；对农民专业合作社所属，用于进行农产品加工的生产经营用房，按规定缴纳房产税和城镇土地使用税确有困难的，可报经地税部门批准，给予免征房产税和城镇土地使用税的照顾；对农民专业合作社的经营收入，免征水利建设专项资金；对农民专业合作社，暂不征收残疾人就业保障金。

(二)农业保险补贴

1. 种植业保险

提供保费补贴的大宗农作物包括玉米、水稻、小麦、棉花、大豆、花生、油菜等油料作物以及根据国务院有关文件精神确定的其他农作物。在上述补贴险种以外，财政部提供保费补贴的地区可根据本地财力状况和农业特色，自主选择其他种植业险种予以支持。享受财政种植业保险保费补贴要符合两个基本条件：一是种植的农民要在财政确定的补贴区域内种植农作物；二是农民种植的农作物是财政指定的保费补贴品种。保险区域以外的或财政补贴品种以外的农作物保险保费不能享受财政补贴。

农民参加保险，对于补贴险种，财政部门至少补贴60%，其中，省级财政部门补贴25%，财政部补贴35%，其余保费由农户承担，或者由农户与龙头家庭农场、地方财政部门等共同承担。浙江省水稻种植保险对象为面积20亩及以上的种植大户、农业龙头家庭农场、农村经济合作组织、农民专业合作社等；保障范围为台风、暴风雨、洪水、雪灾和主要病虫害等造成的灾害；保险金额为每亩400元或600元，其中各级财政给予93%的保费补助，投保农户根据应该承担的比例缴纳保费。因人力无法抗拒的自然灾害，包括暴雨、洪水(政府进行的蓄洪除外)、内涝、风灾、雹灾、冻灾、旱灾、病虫害、鼠害等，对投保农作物造成的损失都可以得到保险赔偿。

农民在参加政策性农业保险后，要取得正常赔款，应当履行保险合同所约定的保险义务。平时要加强田间管理，按照农业技术部门的要求，做好病虫害预防。在灾害来临之前，要按照政府职能部门和保险公司的要求，认真做好防灾防损工作，积极施救，降低灾害损失。否则，保险公司会根据因保户未尽到合同约定的保险义务，导致损失发生或扩大的理由而减少赔款或拒绝赔款。

2. 养殖业保险

养殖业保险保费补贴对象是政府确定的特定品种的养殖业保险补贴地区投保的农户、养殖家庭农场、专业合作经济组织。养殖业保险保费财政补贴范围按补贴品种和补贴地区确定，补贴品种为能繁母猪和奶牛，补贴标准为能繁母猪保险费的80%，奶牛保险费的60%，还可选择其他养殖业险种予以支持，在符合国家有关文件精神的基础上，地方财政部门的保费补贴比例由省级财政部门根据本地实际情况确定。

因发生重大病害、自然灾害和意外事故所导致的投保养殖品种直接死亡所造成的损失，由保险公司负责赔偿。

(1)重大病害包括能繁母猪的猪丹毒、猪肺疫、猪水泡病、猪链球菌、猪乙型脑炎、附红细胞体病、伪狂犬病、猪细小病毒、猪传染性萎缩性鼻炎、猪支原体肺炎、旋毛虫病、猪囊尾蚴病、猪副伤寒、猪圆环病毒病、猪传染性胃肠炎、猪魏氏梭菌病、口蹄疫、猪瘟、高致病性蓝耳病及其强制免疫副反应；奶牛的口蹄疫、布鲁氏菌病、牛结核病、牛焦虫病、炭疽、伪狂犬病、副结核病、牛传染性鼻气管炎、牛出血性败血病、日本血吸虫病。发生高传染性疫病政府实施强制扑杀时，保险公司按正常赔偿额扣减政府扑杀专项补贴后的金额，对投保农户进行赔偿。

(2)自然灾害包括暴雨、洪水(政府进行的蓄洪除外)、风灾、雷击、地震、冻雹、冻灾。

(3)意外事故包括泥石流、山体滑坡、火灾、爆炸、建筑物倒塌、空中运行物体坠落。

农民在参加政策性农业保险后，要取得正常赔款，应当履行保险合同所约定的保险义务。平时要按畜牧部门和保险公司的要求，做好防疫、配种、妊娠等记录，建立健全和执行防疫、治疗的各项规章制度，在保险畜禽发病后要及时医治，做到早报告、早隔离、早治疗。否则，保险公司会根据因保户未尽到合同约定的保险义务，导致损失发生或扩大的理由而减少赔款或拒绝赔款。

3. 保险索赔规定

当发生保险责任范围内的灾害事故时，参保农户要做好下列相关工作。

(1)在第一时间，通过保险公司的服务热线电话进行报案，也可以直接向保险公司委托的政策性农业保险服务站或保险服务代理员报案。

(2)在保险公司查勘人员到达现场之前，要尽量保护好现场不受破坏，当被保险的财产仍处于危险之中时，要立即组织施救以减少损失。

(3)协助保险公司查勘人员做好定损理赔工作，在保险理赔人员的指导下，填写出险及理赔通知单、损失确认单等，说明事故发生的原因、经过和损失情况，协助理赔人员现场清点和定损。

(4)积极提供赔款必备的相关部门证明材料，如畜禽疫病死亡，需要当地畜牧部门出具病因证明，并要提供按时接种的证明材料。

(5)在办齐相关赔偿手续、达成赔偿协议后，持保险单和保户的营业执照、法人代码证、个人身份证等办理赔款的必要证件向保险公司申请赔付。

(6)保险公司按照约定赔付时限，一般会在 5 个工作日内将赔款付给农户。

第三节　农村土地、沼气建设的扶持政策

一、农村土地政策

(一)土地承包经营权流转政策

土地承包经营权流转是伴随农村劳动力转移和农村经济发展的长期历史过程，反映了农地合理利用和优化配置的需要，是联结承包农户与规模经营主体、发展多种形式适度规模经营的重要渠道和纽带。国家高度重视农村土地承包经营权流转，相关法律政策主要有以下内容：

(1)流转前提。确保家庭承包经营制度长期稳定，落实和明晰土地承包经营权是进行土地承包经营权流转的前提。

(2)流转主体。流转的主体是承包方，承包方有权依法自主决定土地承包经营权是否流转和流转的方式，任何组织和个

人不得强迫或阻碍承包方进行土地承包经营权流转。

(3)流转原则。土地承包经营权流转要遵循平等协商、依法、自愿、有偿原则，流转期限不得超过承包期的剩余期限，受让方须有农业经营能力，在同等条件下本集体经济组织成员享有优先权。

(4)流转底线。土地承包经营权流转不得改变土地集体所有性质，不得改变土地用途，不得损害农民土地承包权益。

(5)流转方式。国家允许农民采取转包、出租、互换、转让、股份合作等方式流转土地承包经营权。采取转让方式流转的，应当经发包方同意；采取转包、出租、互换或者其他方式的，应当报发包方备案。土地承包经营权采取互换、转让方式流转，当事人要求登记的，应当向县级以上地方人民政府登记。通过招标、拍卖、公开协商等方式承包农村土地，经依法登记取得土地承包经营权证或者林权证等证书的，可以采取出租、互换、转让、入股、抵押等方式流转。

(6)流转机制。土地承包经营权流转机制是市场，禁止不顾条件，采取下达指标等行政手段推动土地承包经营权流转。国家鼓励和支持各地加强土地承包经营权流转管理和服务，按照产权明晰、形式多样、管理严格、流转顺畅的要求建立健全土地承包经营权流转市场，培育家庭农场、专业大户、农民专业合作社等规模经营主体，发展多种形式的适度规模经营。

(二)现有农村土地承包政策

目前，我国农村土地承包实行以家庭承包经营为基础、统分结合的双层经营体制。国家为稳定和完善农村土地承包关系，维护农民土地承包权益，先后制定了一系列政策，赋予农民更加充分而有保障的土地承包经营权，保持现有土地承包关系稳定并长久不变。以家庭承包经营为基础、统分结合的双层经营体制是适应社会主义市场经济体制、符合农业生产特点的农村基本经营制度，是党的农村政策的基石，必须毫不动摇地坚持。

二、沼气建设政策

(一)养殖小区和联户沼气建设项目

养殖小区集中供气工程是指在人畜分离、实行小区集中养殖的村，以畜禽粪便污水为原料，建设沼气集中工程，向附近农户提供沼气，以供气 50 户为基本建设单元，主要建设内容包括沼气发酵池、原料预处理、沼气供气和沼肥利用设施等。联户沼气工程分秸秆原料型和畜禽粪便原料型。秸秆原料型是指在不养殖或秸秆资源丰富的地区，以秸秆为发酵原料，建设沼气集中供气工程，向不养殖农户供气。一般以供气 5 户的沼气工程为基本建设单元，主要建设内容包括沼气池、储气柜、沼气通道、灶具、粉碎机、预处理池等。畜禽粪便原料型是指以养殖农户为核心，以相邻几户为单元，建设沼气池，配套进行改厕、改厨，养殖改圈，通过输气管道实现集中供气，主要建设内容包括沼气池、储气柜、沼气管道、灶具等。中央按集中供气农户数量予以适当补助。2008 年，养殖小区集中供气沼气工程和畜禽粪便型联户沼气工程，按不超过户用沼气补助标准的 120%予以补助；联户秸秆沼气工程按不超过户用沼气补助标准的 150%予以补助。

(二)农村户用沼气和沼气服务网点设施建设项目

以户为单位的户用沼气，每户按一池三改(一个沼气池、改厨、改厕、改圈)建设，总投资 4000 元，项目投资由中央、地方、农户共同承担。中央财政每户补助 1000 元，主要用于沼气池、灶具建设及技工工资等。

一般每个乡村沼气服务网点配置一套进出料设备(农用三

轮车、粉碎机、真空泵和沼液储罐等）和一套甲烷检测仪器、一套维修设备等。中央财政每个网点补助标准为0.8万元，用于购置部分进出料设备，其余由地方配套或服务网点或个人承担。

（三）规模养殖场大中型沼气工程项目

规模养殖场大中型沼气工程是指出栏3000头以上的养猪场、存栏200头以上奶牛或出栏500头以上肉牛的养牛场建设的大中型沼气工程。要求养殖场具有独立法人资格，运营情况良好，能按要求落实工程建设所需配套资金和自筹资金。从2009年起，国家进一步鼓励发展大中型沼气工程，并根据发酵装置容积大小和上限控制相结合的原则确定中央补助数额。大中型沼气工程中央补助数额原则上按发酵装置容积大小等综合确定，补助项目总投资的25%，总量不超过100万元。对于具有新技术、新工艺的特殊项目，中央补助可适当提高。同时，地方政府也应加大对大中型沼气工程建设的支持力度，原则上对于申请中央补助的项目，地方政府投资不得低于项目总投资的25%。

第四节　家庭农场的人力扶持政策

所有经营主体中最为核心的要素是人，因此家庭农场的发展尤其离不开人力资源的支持。现代农业发展，对农民素质的要求越来越高。高素质的农业劳动力，是农业现代化发展的源泉。

我国对家庭农场的人力资本方面的投资非常重视。在这方面，国家政策在以下三个方面有优惠政策。

一、发展新型职业农民

什么叫职业，什么叫职业精神？有一个故事很有意思，1981 年，美国的里根总统遇刺时，贴身保镖用身体挡住了飞向总统的子弹，他倒在地上后说："我终于等到这一时刻了。"①

家庭农场的从业者就是职业农民。

职业农民是个新概念，望文生义，职业农民就是将从事农业作为独立职业的农民。规范的定义职业农民是，将农业作为产业进行经营，并充分利用市场机制和规则来获取报酬，以期实现利润最大化的理性经济人。当社会把"职业农民"写进中央文件，说明当个农民也是一个光荣和有前途的职业。职业农民并非是户籍在农村就是职业农民，它隐含三个前提条件：一是从事农业以获取经济利润为目的；二是必须从事农业生产和经营；三是必须作为一种独立的职业。

新型职业农民首先是农民。所谓农民是指长期居住在农村社区，并凭借土地等农业生产资料长期从事农业这个行业的劳动者。从一般意义上说，被认定为农民要符合以下四个条件：他们占有或长期使用一定数量的生产性耕地；他们大部分时间从事农业劳动；他们的经济来源主要来自农业生产和农业经营收入；农民长期居住在农村社区。这是农民的一般特征，职业农民当然也必须符合这些条件，以区别于非农民。

相对传统农民而言，新型职业农民除了符合农民的一般条件，还须具备"新"，那么"新"在哪里呢？

第一，新型职业农民应该是市场主体。传统农民追求的是维持生计，而新型职业农民则充分进入市场，并利用一切可能

① 李飞. 定位故事[M]. 北京：经济科学出版社，2008.

的选择追求报酬最大化，一般具有较高的收入（也就是高于一般农民的平均收入），而且和所在地的从事一般职业的居民，特别是城市居民劳动者，拥有相同水平的收入。

第二，新型职业农民具有高度的稳定性，把务农作为终身职业。新型职业农民与兼业农民的最大区别在于收入来源不同决定了对土地的态度不同。兼业农民，特别是以务工为主的兼业农民，因为其主要收入来源是务工收入，农业沦为家庭“副业”。兼业农民往往对种地收入抱着可有可无的态度，种地的目的甚至仅仅是“够自己吃就行”，影响了农业的产品贡献。新型职业农民则不同，农业收入是其主要收入，甚至是唯一来源。因此，他们重视农业的产出和市场价值，注重资源的合理配置，具有较高的生产积极性。不仅如此，新型职业农民的稳定性使之更重视土地的可持续利用，避免农业经营的短期行为，是可持续农业的重要条件。此外，职业方面因为其收入、社会上感受到的尊严，以及稳定性等方面因为具备吸引力，从而“后继有人”。稳定性是农业的自身特点对从业者的基本要求，以区别于资本农业对农业的短期行为。

第三，新型职业农民具有高度的社会责任感和现代观念，他们不仅有文化、懂技术、会经营，还要求其行为对生态、环境、社会和后人承担责任。

家庭农场是中国农业清晨的太阳，昭示着未来的希望，也是新型职业农民施展才华的舞台。家庭农场激发了农村土地、人力、资金、设施、机械等生产要素的潜能，促进了设施化、机械化、信息化的推广和利用，提高了劳动生产率、资源利用率和土地产出率。在家庭农场上的农民就是新型职业农民的主要来源。随着越来越多的年轻人离开土地融入城市，为土地流转创造了条件，土地向种田“能手”流转逐渐形成承包大户，进而形成家庭农场。需要指出的是，目前从事农业生产的四五十岁的农民，不仅具有丰富的农业知识，还对农业有感情，着力把他们中的一些种田“能手”培养成新型职业农民，对农业文化传承和农业的可持续发展具有承上启下的重要意义。

此外，对于一些致力于农业发展，立志从事农业的大学毕业生，还有外出务工的返乡创业者，最理想的载体也是家庭农场。他们有技术、有见识，有资本，对农业和乡村怀有感情。他们返乡创业，创建家庭农场，就是充满希望地成为新型职业农民。

二、教育和培训现有大户的户主

现有大户是家庭农场发展的初级阶段，大户“户主”的素质在很大程度上影响着家庭农场的创建水平和发展水平。种粮大户、种田能手、种植专业户是以自然人身份和个人资本，通过土地承包权流转而扩大经营面积，并且仍然在从事农业经营的人。他们一般游离于龙头企业、专业合作社之外，但是他们既是劳动者，经过发展又可以成为“家庭农场”的管理决策者。他们的素质、水平甚至个性直接影响到家庭农场的创建和发展。

随着政策的逐步到位，他们都可以注册成为“家庭农场”。这些户主作为家庭农场的关键成员，既是“一家之长”，又是“一场之主”，决定着日常农场的生产和经营管理。家庭农场还担负着一个重要的使命，就是促使传统农业向现代农业转变。所以户主们不仅要有文化、懂技术，而且要会经营、善管理。

根据浙江家庭农场的调查[①]，在被调查的 136 个家庭农场中，农场主平均受教育年限为 9.6 年，其中，文盲 2 人，小学文化程度 15 人，初中文化程度 58 人，高中文化程度 43 人，

① 陈永富，曾挣，王玲娜. 家庭农场发展的影响因素分析——基于浙江省 13 个县、区家庭农场发展现状的调查[J]. 农业经济，2014(1).

大学文化程度 18 人。尽管大部分农场主从事农业生产多年，实践经验丰富，但毕竟受学历、理念等因素影响，难以有效承担现代农业发展的重任。虽然这是一个地区性的调查，但是“窥一斑可见全豹”，提高农场主的经营管理素质和能力是改造传统农业、壮大家庭农场的重要抓手。

2005 年年底，农业部在《关于实施农村实用人才培养“百万中专生计划”的意见》中首次提出培养职业农民。该文件指出，农村实用人才培养“百万中专生计划”的培养对象是：农村劳动力中具有初中(或相当于初中)及以上文化程度，从事农业生产、经营、服务以及农村经济社会发展等领域的职业农民。2006 年年初，农业部进一步提出招收 10 万名具有初中以上文化程度，从事农业生产、经营、服务以及农村经济社会发展等领域的职业农民，把他们培养成有文化、懂技术、会经营的农村专业人才。2007 年 1 月，《中共中央、国务院关于积极发展现代农业扎实推进社会主义新农村建设的若干意见》首次正式提出培养“有文化、懂技术、会经营”的新型农民。2007 年 10 月，新型农民的培养问题写进党的“十七大”报告。

国家政策明确指出，为了促进家庭农场的发展，要加大对家庭农场经营者的培训力度，将家庭农场经营者纳入新型职业农民、农村实用人才、“阳光工程”等培育计划。鼓励家庭农场经营者通过多种形式参加中高等职业教育，提高学历层次，取得职业资格证书或农民技术职称。

【经典案例】

峨眉 29 岁小伙和他的家庭农场

四川省峨眉山市符溪镇战斗村，新村聚居点的另一侧，一座刚建起的白色大棚格外引人注目。

这个即将投用的蔬菜大棚，归属战斗村的“能人”老许家。

老许眼下正在云南的蔬菜种植基地现场指导春种春播，记者见到的是他 29 岁的儿子许鹏。

全钢架结构，内外遮阳层加保温层，层高 6 米，大棚面积有 2000 平方米，概算投资 230 万元。大棚的高标准，不仅体现在建筑材料，关键在高度智能化的操作系统。“温度调节、喷洒作业等全部自动控制，不再需要人工作业。”生产技术总监宋智强介绍说。

大棚专供蔬菜育苗用，计划年育大苗 300 万株、小苗2000 万株，以成本价统一提供给种植户。投入产出一算账，建这个大棚本身并不赚钱，为什么还要建呢？

答案就在周边 10000 余户蔬菜种植户，他们都是许鹏家的协议供应卖家。“农户自己育苗，往往难以保证种植需求，一不小心就耽误一个季节，误了收成又影响市场。有了这个大棚，以后的种苗就没问题了，种植户省钱又省心，我们的营销也稳定。”许鹏说。

把一家一户分散的种植户组织起来，统一收购、统一外销，许鹏家的“家庭农场”规模一年比—年大。除峨眉本地 10000 余协议农户、40000 多亩蔬菜基地，近年还在井研流转土地 1300 亩、云南省流转 7000 亩做蔬菜种植，销售网络远及四川以外的东北、北京、山西以及郑州、西安和寿光等地。2012 年，许鹏家的“家庭农场”组织营销蔬菜 10 万吨、销售总额 3.3 亿元，种植户户均纯收入 2 万元。

先进适用技术、现代生产要素，规模化、集约化、商品化生产经营，这些现代农业的特质，在许鹏的“家庭农场”流动生金，新型农业经营主体表现抢眼。

每年，许鹏家都会准备 300 万元左右的资金，用于修建蔬菜种植基地的道路沟渠等基础设施。此外，每年还有一笔刚性垫资：拿出 800 万元左右资金，为协议农户先期购回种子、化肥、农药、农膜等生产资料，待农户卖出蔬菜后再收回资金。

这一“家庭农场”的朴素商业模式，有效化解了发展要素城乡倒流的顽疾，建立起互助共赢的良性新型合作关系。

眼下，许鹏的“家庭农场”正在孕育一场新技术革命：自主研发的早春大棚苦瓜种植，抗病、产量高，已进入试种推广阶段。这一新技术成果令人激动，抗病，将直接减少农药使用，安全环保又降低种植成本；产量高，保守估计将比一般蔬菜高出 30％以上，亩产增加 500 千克以上。以一年两季蔬菜计算，一亩地纯收入将达到 2 万元。

投入基础建设、投入种植生产、投入新技术新产品研发、培训种植户、保底价收购农户反季蔬菜……“家庭农场”里这些显见的资本下乡，带来的直接和外溢效应让人欣喜。直接效应是农业增效、农民增收、“家庭农场”壮大，外溢效应是食品安全、产业现代……

从乡村到城市，从田间到餐桌，很难分清是蔬菜进城牵动了资本下乡，还是资本下乡牵动了蔬菜进城？或者，两者原本就不该分得那么清？产业与资本，实则互为鱼和水的关系。

现代农业和职业农民。近年来，老许把生产经营的一摊子事儿逐渐放权给了许鹏。实际上，为了最大限度对接农户的小生产与消费的大市场，许家的“家庭农场”早些年就“外搭”了一个更大的平台，实行公司化运作。通过这个平台，大宗农产品变成了商品，变成了农户和公司的货币收益。

29 岁的许鹏，已经跟随父亲摸爬滚打了 10 年，青春的朝气中透着历练后的沉稳。父子二人，两代创业，“家庭农场”在农业和商业的大潮中洗礼，不断增加着现代元素，实业“雪球”越滚越大。

许鹏在 2013 年的新计划有两项：一是投资 2800 万元，扩建2000吨气调库；二是新建泡沫包装箱生产线，放眼更大的市场需求。

而在许鹏的职业生涯规划中，学习也列在重要日程，近期目标是完成工商管理或市场营销专业的培训深造。

有专家认为，未来农业是“农源型产业”，是农业生产过程与消费过程的结合，已经具有知识经济的意义。在许鹏身上，记者感受到了新生代“农场主”更高远的人生追求。以科技为特征的现代农业，以知识为标志的新型“职业农民”，正在颠覆我们传统印象中的“三农”形象。这一变化，无疑是令人欢欣鼓舞的。

（资料来源：杨心平．峨眉29岁小伙和他的“家庭农场”．乐山日报，2013—02—21）

三、鼓励家庭农场的联合与合作政策

家庭农场作为一个崭新的发展引擎，是发展现代农业的有效载体。但是，新事物的出现也伴随着很多新问题，对此媒体上呼吁政府扶持的报道屡见不鲜。一方面，我们需要政府加大扶持力度；另一方面，很多问题的答案来自市场、来自民间。

家庭农场还可以与其他经营主体实现共赢发展。2014年2月24日，农业部以农经发〔2014〕1号印发《关于促进家庭农场发展的指导意见》（以下简称“意见”），意见中就家庭农场的联合和合作提出了三个方面的政策。第一，引导从事同类农产品生产的家庭农场通过组建协会等方式，加强相互交流与联合。第二，鼓励家庭农场牵头或参与组建合作社，带动其他农户共同发展。第三，鼓励工商企业通过订单农业、示范基地等方式，与家庭农场建立稳定的利益联结机制，提高农业组织化程度。

【经典案例】

宜陵镇成立市首个农场联合会

江苏省扬州市首个家庭农场联合会在宜陵镇成立。该联合会是由宜陵镇农村合作经济组织、各家庭农场、养殖大户、相关涉农事业单位为主要成员联合组建而成的，首批吸纳会员104户，注册资本3万元，会员中，已注册家庭农场的有13户。

“以往的一家一户超小农业规模经营，已经不利于农业生产发展，也不利于市场竞争，从2010年下半年起，宜陵镇开始试点推广农业适度规模经营。”宜陵农场联合会名誉会长宗晓庆告诉记者，“主要鉴于规模经营后整个运作过程中针对产前、产中、产后出现的诸方面问题，成立农场联合会，让农民潜移默化地形成科学种田的理念，也有序推进土地流转”。

据了解，联合会主要面向农村合作经济组织、镇内各家庭农场、种植大户和相关涉农事业单位、社会团体及个人招收会员。遵循“绝不与民争利、绝不算计农民、绝不让农民吃亏”的原则，利益保障以实物计价，分红保底为水稻每年每亩250千克，统一以当年国家粮食收购按市价结算。

“在80多个农场大户中，有的擅长小麦种植，有的在防治水稻虫方面上有一套，通过这种形式把大家集中起来，提高抗御自然灾害的能力。”宗晓庆介绍，成立联合会的好处很多，比如在对农场进行管理和服务的条例中，规定所有农场不得焚烧秸秆，如发现有焚烧秸秆现象的，立即终止其承租资格。“以前夏收20天，秋收30天，费很大力去整治焚烧秸秆问题，联合会成立之后，就会省心很多。”除此之外，更多的农场主开始主动购买农业保险，改变了以往村集体提前垫付，农民不愿购买的情形。同时，也促进了产品结构调整，不必再“刀子砍、鞭子赶”了。

该联合会还计划建立农场信息平台，为农场提供政策咨询服务、科技服务、生产资料供应、农产品销售等信息服务。“有些农民不会熟练使用电脑，联合会将有专门人员上门收集信息，进行网络化管理，更好地服务各个会员。”

该联合会还将利用地域优势，抓住江都建设农村改革试验区的新机遇，努力把联合会办成服务发展现代农业的有效载体、优势互补的联合团体，积极探索和实践农场农业发展的新思路，努力提升农场综合竞争力和抗风险能力，全面促进宜陵镇农场农业健康发展。

（资料来源：志选，张煊. 扬州网讯，2014—04—28）

第五节　家庭农场的技术扶持政策

2014年2月24日，农业部以农经发〔2014〕1号印发《关于促进家庭农场发展的指导意见》，意见中就家庭农场社会化服务提出了三个方面的政策，其核心是支持家庭农场改善生产条件、提高技术水平。其政策要点主要是：基层农业技术推广机构要把家庭农场作为重要服务对象，有效提供农业技术推广、优良品种引进、动植物疫病防控、质量检测检验、农资供应和市场营销等服务。支持有条件的家庭农场建设试验示范基地，担任农业科技示范户，参与实施农业技术推广项目。引导和鼓励各类农业社会化服务组织开展面向家庭农场的代耕代种代收、病虫害统防统治、肥料统配统施、集中育苗育秧、灌溉排水、储藏保鲜等经营性社会化服务。

第六节　家庭农场的金融扶持政策

金融是农业生产和农村建设的血脉。家庭农场规模较大，从土地流转、农场基础设施建设、前期生产资料购置、后期经营管理等生产环节都需要投入大量的资金。而我国的家庭农场大多由承包农户发展而来，资金实力比较弱，不同的农场主多有着类似的顾虑，那就是贷款难。然而，因农户原有土地规模很小，除了个别资本密集型家庭农场外，绝大部分家庭农场需要流转土地。由于经营规模较大，无论农业生产所需要的种子、化肥、农药，还是灌溉、收割、运输、仓储，或者所需要雇用的农业劳动力，都需要大量的资金。如武汉城郊家庭农场进行大棚蔬菜种植，仅大棚设施的费用为 1 万元/亩左右，这还不包括土地平整以及开挖沟渠等其他成本。

河北涞水县土地流转中心的调查页显示，当地每座 1.5 亩的日光温室大棚仅一次性固定投入就需 8 万元。目前针对农民的贷款比较好的模式是小额信贷，但是小额信贷额度太小、手续烦琐，根本无法满足家庭农场的资金需求。因此家庭农场主往往只能通过自己的亲朋好友等社会关系筹集资金，在急需资金时甚至要通过高利贷来缓解燃眉之急。可见，融资就成为制约家庭农场生产经营发展的瓶颈。

一、拓宽抵押物范围

融资难成为制约家庭农场发展的一个重要障碍。虽然资金存在缺口，但家庭农场主却很少有人去银行贷款，主要原因是“家庭农户没有抵押物，土地是流转过来的，银行不认可”。

盘活既有资产。其一，种养殖物(权)抵押贷款。家庭农场最为直接的可抵押资产是农场的种养殖物。近年来，江苏省金融机构开发了一些针对种养殖物(权)的金融产品。2012 年，南通海门农村商业银行推出农资活物抵押贷款，以农村企业养殖的奶牛为抵押物，为借款人发放贷款。为了分散并有效控制风险，由企业为抵押活物办理农业保险。同样，近年来林权抵押贷款也得到了快速发展。截至 2013 年一季度末，江苏省林权抵押贷款余额2.53亿元。

其二，农机设备抵押贷款。从事种植业的家庭农场很多需要购置各类农用机械设备。加之近年来国家鼓励农机耕种，对购买大型化设备的补贴率较高，部分家庭农场融资用途便是购买补贴较高的农机设备。江苏省连云港市东海农村信用合作联社与地方农经部门、相关农机销售商合作，开办了农机设备抵押贷款。借款人与农机销售商签订购买协议，并为所购农机办理保险，向银行提供贷款申请等相关材料，经银行审核无误后，发放相应贷款。自开办以来，该联社已累计发放732笔农机抵押贷款，投放贷款1.24亿元。

其三，“一权一房”抵(质)押贷款。伴随农村土地流转工作的推进，土地承包经营权和完善农业保险村住房成为试点探索的新型债务抵(质)押品。2009年，江苏省新沂市农村商业银行在全省率先推出“一权一房”贷款。2010年中国工商银行连云港市中心支行推动辖内东海县出台了《关于开展农村“一权一房”抵(质)押贷款试点工作的意见》。农村企业或个人以自己拥有的农村土地承包经营权、农村住房作为抵(质)押物，可以向银行申请贷款。银行通过租金评估土地承包经营权的价值，给予借款人相应的贷款额度。地方政府通过成立风险基金，为银行业金融机构分担50%的风险。2010年一季度末，全省已有徐州市、连云港市、淮安市等6个省(直辖市)的农村地方法人金融机构开办了此类业务，历年累计发放贷款662笔，信贷投放2.85亿元。

其四，联保互保贷款。以农业产业链、行业信用协会、龙头企业等为核心载体的联保互保贷款模式，也同样适用于家庭农场。江苏省淮安市金湖联社开发的“行业信用协会”信贷模式是一个典型。该模式由信用互信的社员自愿组成联保体，以会员基金担保和会员之间互保、联保获得授信，解决了农民专业合作组织因不具备独立承担债务功能而无法融资的问题。自2012年6月推出以来，“金荷花”模式已累计投放172笔贷款，金额9310万元，目前贷款质量良好，前景广阔。

二、金融支持措施

在各地人民银行的积极推动下，很多地方探索建立了有政府背景的担保基金或担保机构，为家庭农场的贷款提供担保。例如，江苏省常州市下辖的溧阳市政府拨付财政资金作为农业贷款担保基金，并在农工办事处下设立“溧阳市农业贷款信用担保中心”，为农业生产基地、农村种养殖大户融资提供担保。镇江市丹阳、句容、扬中三地分别设立了农民创业担保中心，为农村种养殖业个体工商户、小企业主在当地农村商业银行的贷款提供担保。贷款额度每户原则上不超过5万元，也可突破额度限制，具体金额视项目需要确定。

银行还可以给予一定的利率优惠，鼓励机构和农户组建设农业融资担保公司。江苏省泰州市由政府、村镇龙头企业、村干部、农民经纪人出资入股，组建涉农专业融资担保公司，将担保基金账户开设在合作的银行，为当地的农户、个体经营户提供定向贷款担保。

第七节　农业税收优惠政策

一、废止的农业税收政策

国家为了减轻农民负担，让农民得到真正的实惠，废止了相关税收政策：种粮农民自2006年1月1日起，不再缴纳农业税；2006年2月17日后农民销售自产的农业特产收入不用再缴纳农特产税；农民屠宰自养的猪、牛、羊等不用再缴纳屠宰税。

二、农业服务收入免税范围

农民从事农业机耕、排灌、病虫害防治、植物保护、农牧保险以及相关技术培训业务收入，家禽、牲畜、水生动物的配种和疾病防治收入，免征营业税。同时，国家规定，纳税人单独提供林木管护劳务行为的收入中，属于提供农业机耕、排灌、病虫害防治、植保劳务取得的收入，免征营业税。

三、经营项目免税范围

按照相关规定，农业企业从事农、林、牧、渔业项目经营所得可以免征、减征企业所得税。

(1)农业企业从事蔬菜、谷物、薯类、油料、豆类、棉花、麻类、糖类、水果、坚果的种植，中药材的种植，林木的培育和种植，牲畜、家禽的饲养，农作物新品种的选育，林产品的采集、灌溉、农产品初加工、兽医、农技推广、农机作业和维修等农、林、牧、渔服务业项目，远洋捕捞项目所得，免征企业所得税。农产品初加工按规定，自 2008 年 1 月 1 日开始执行，包括种植业、畜牧业、渔业等三大类，列举粮食初加工等 30 多项农产品初加工类别，涉及若干个产品 200 多道工艺流程。

(2)农业企业从事花卉、茶以及其他饮料作物和香料作物的种植、海水养殖、内陆养殖项目的所得减半征收企业所得税。

模块三　家庭农场的认定与创办

第一节　家庭农场的认定

发展家庭农场是提高农业集约化经营水平的重要途径。由于刚刚起步，家庭农场的培育和发展还有一个循序渐进的过程。鼓励有条件的地方率先建立家庭农场注册登记制度，明确家庭农场认定标准、登记办法，制定专门的财政、税收、用地、金融、保险等扶持政策。

一、概述

目前，在全国约 87.7 万个家庭农场中，已被有关部门认定或注册的共有 3.32 万个。其中，农业部门认定 1.79 万个，工商部门注册 1.53 万个。实践中，有的家庭农场登记为个体工商户，有的登记为个人独资企业，有的登记为有限责任公司。为此，各地对于家庭农场是否需要工商注册看法不一，很多家庭农场主也比较迷茫。

农业部日前出台的意见明确提出，依照自愿原则，家庭农场可自主决定办理工商注册登记，以取得相应市场主体资格。农业部和国家工商管理总局对此做了专题调研，并达成了共识：家庭农场是一个自然而然发育的经济组织，现实中许多存在的较大规模的经营农户其实就是家庭农场，但不一定非要到工商部门注册；注册的形式可以多样化。

从实践情况看，到工商部门登记的家庭农场在经济发达的地区比较多，这是因为他们从事农产品的附加值比较高，特别是发展外向型农业的家庭农场，出于经营方面的需要，可以提高公信力和竞争力，因而有动力去工商部门注册登记。农业部提出，要建立家庭农场管理服务制度，县级农业部门要建立家庭农场档案，县以上农业部门可从当地实际出发，明确家庭农场认定标准，对经营者资格、管理水平等提出相应要求。

二、家庭农场的认定方式

家庭农场的认定主要有三个方面。一是家庭经营。家庭农场主要依靠家庭成员从事生产，即使有雇工也只发挥辅助作用。二是专业务农。家庭农场专门从事农业生产，主要进行种养业专业化生产，经营管理水平较高，示范带动能力较强，具有较强的商品农产品生产能力。三是规模适度。由于家庭农场有较大的种养规模，能够使经营者获得与当地城镇居民相当、比较体面的收入，但具体规模各地并没有统一的标准。

目前全国有家庭农场约 87.7 万个，经营耕地面积 1.76 亿亩，平均经营规模 200.2 亩。以粮食生产型家庭农场为例，各地标准并不一致。例如，安徽省提出家庭农场连片规模应在 200 亩以上，江苏省提出的是 100～300 亩，上海市则提出以 100～150 亩为宜。面积小了自然不能实现规模效益，但家庭农场并非越大越好。连年的水稻增产，让安徽省天长家庭农场主赵自昆尝到了增收的甜头，280 亩地一年纯收入超过 15 万元，但他并不想就此扩大规模，主要原因是“面积大了，人力管不过来，成本收入核算也不划算”。

从调查的情况看，以家庭为单位，以粮食生产为例，一年两熟地区户均耕种 50～60 亩，一年一熟地区 100～120 亩，各种资源配置效率最高。

专家认为，把握家庭经营的规模，可以从三个方面衡量：一是与家庭成员的劳动生产能力和经营管理能力相适应；二是能实现较高的土地产出率、劳动生产率和资源利用率；三是能确保经营者获得与当地城镇居民相当的收入水平。具体来说，可以从五个方面展开，即组织主体、组织方式、经营领域、经营规模和市场参与。

（一）组织主体

家庭农场的组织主体是家庭。在农业生产决策单元中，农民家庭被认为是具有独立市场决策行为能力的最微观主体。但是，受农村劳动力流动的影响，家庭农业生产决策越来越复杂，非户主决策现象突出。因此，在家庭农场组织主体认定上，必须是以家庭户主为主，家庭主要成员参与的组织主体。

（二）组织方式

家庭农场的组织方式非常重要，直接决定家庭农场能否做大做强，发展成为新型的、重要的农业经营主体。家庭农场组织方式应为企业化组织，其原因：一是家庭农场需要流转土地、市场融资，即参与市场资源配置，企业化组织更方便组织资源；二是从管理上，我国在对企业的市场经营管理上已经具有成熟的做法和经验，方便对家庭农场的市场行为进行规范化管理。

（三）经营领域

家庭农场显然必须以农业为基本经营对象，但是家庭农场有别于种养大户和小农户，其经营领域应充分体现农业的市场价值，需要通过盈利支撑农场的持续性发展。因此，家庭农场必须拓展农业除生产功能以外的其他功能，如服务功能、生态功能等，走以规模化农业生产为基础的综合化经营的新路子。这意味着家庭农场必须是具备“三生一服”（生产、生活、生态和服务)的综合经营功能。

(四)经营规模

家庭农场经营规模指标建议为参考性指标，因为各地区的土地资源禀赋存在较大差异，如东北地区家庭拥有50亩土地是常态，而江浙地区家庭承包耕地面积往往只有几亩。因此，建议家庭农场经营规模应在当地人均耕地面积的50倍左右即可。

(五)市场参与

家庭农场界定为企业化组织，意味着家庭农场的经营目的是追求利润最大化，追求市场利润最大化的基本要求是较高的市场参与度，因此，家庭农场的产品和服务的商品化率应达到80%。

总之，由于刚刚起步，家庭农场的培育发展还有一个循序渐进的过程。国家鼓励有条件的地方率先建立家庭农场注册登记制度，明确家庭农场认定标准、登记办法，制定专门的财政、税收、用地、金融、保险等扶持政策。因此，中国式家庭农场是一个动态的、地区的概念，其规模与分布因生产力差异也不尽相同，其规模特征很大程度上依靠专业化分工协作而形成的群体规模优势来实现，从耕种到收割、从物资采购到产品销售等主要环节有专门的服务组织来完成，而田间管理靠家庭成员，以扩大服务规模来弥补土地规模经营的不足。虽然中国式家庭农场有微型、小型、中型、大型之分，但这是经营规模与家庭特点相匹配的结果。

第二节　家庭农场规划的原则、方法与步骤

规划是指进行比较全面的长远的发展计划，是对未来整体

性、长期性、基本性问题的思考和设计未来整体行动方案。规划有其相应的原则要遵循，同时也要按一定的方法与步骤进行。不同规划对象与目的，应有不同的规划原则与方法。所以，家庭农场规划必须按照其特定的原则、方法与步骤来进行，以确保规划方案具有科学性、客观性与可行性，有利于农场的建设和可持续发展。

一、家庭农场规划遵循的基本原则

（一）提高农业效益原则

家庭农场是在加快城市化进程、转变社会经济发展思路、推动农业转型升级背景下的农业发展新模式，是实施土地由低效种植向高度集成和综合利用，以适应城市发展、市场需求、多元投资并追求效益最大化的有效途径。因此，规划布局应充分考虑家庭农场的经营效益，实现农场开发的产业化、生态化和高效化，达到显著提高农业生产效益、增加经营者收入的目的。

（二）充分利用现有资源原则

一是充分利用现有房屋、道路和水渠等基础设施。根据农场地形地貌和原有道路水系实际情况，本着因地制宜、节省投资的原则，以现有的场内道路、生产布局和水利设施为规划基础，根据家庭农场体系构架、现代农业生产经营的客观需求，科学规划农场路网、水利和绿化系统，并进行合理的项目与功能分区。各项目与功能分区之间既相对独立，又互有联系。农场一般可以划分为生产区、示范区、管理服务区、休闲配套区。二是充分利用现有的自然景观，尽量不破坏家庭农场区域内及周围已有的自然园景，如农田、山丘、河流、湖泊、植被、林木等原有现状，谨慎地选择和设计，充分保留自然风景。

（三）优化资源配置原则

优化配置道路交通、水利设施、生产设施、环境绿化及建筑造型、服务设施等硬件；科学合理利用优良品种、高新技术，构建合理的时空利用模式，充分发挥农业生产潜力；合理布局与分区，便于机械化作业，并配备适当的农业机械设备与人员，充分发挥农机的功能与作业效率。此外，为方便建设，节省投资，建筑物和设施应尽量相对集中和靠近分布，以便在交通组织、水电配套和管线安排等方面统筹兼顾。

（四）充分挖掘优势资源原则

认真分析家庭农场的区位优势、交通优势、资源优势、特色产品优势，以及农场所在地光、温、水、土等方面的农业资源状况，并以此为基础，合理安排家庭农场的农作物种植、畜禽养殖的特色品种、规模以及种养搭配模式，以充分利用农业资源和挖掘优势资源；在景观规划上，充分利用无机的、有机的、文化的各种视觉事物，布局合理、分布适宜、均衡和谐，尤其在展示现代化设施农业景观方面以达到最佳效果，充分挖掘农场现有自然景观资源。

（五）因地制宜原则

尽可能地利用原有的农业资源及自然地形，有效地划分和组织全场的作业空间，确定农场的功能分区，特别是原有的基础设施，包括山塘、水库、沟渠等，尽可能保持、维护，以节省基础性投资；要尊重自然规律，坚持生态优先原则，保护农业生物多样性，减少对自然生态环境的干扰和破坏。同时，通过种植模式构建、作物时空搭配来充分展示农场自然景观特色。

（六）可持续性原则

以可持续发展理论为指导，通过协调的方式将对环境的影响减少到最小，本着尊重自然的科学态度，利用当地资源，采取多目标、多途径解决环境问题，最终目标是建立一个具有永续发展、良性循环、较高品质的农业环境。要实现这一规划目标，必须以可持续性原则为基础，适度、合理、科学地开发农业资源，合理地划分功能区，协调人与自然多方面的关系，保护区域的生命力和多样性，走可持续发展之路。

二、家庭农场规划方法

王树进针对农业园区的规划提出了“四因规划法”。家庭农场规划设计可以参照此方法进行。四因规划，即因地制宜、因势利导、因人成事、因难见巧。在此基础上，我们认为家庭农场可以采用五种方法进行规划。

（一）因地制宜

掌握农场规划地块本身及周边的地形地貌、乡土植被、土壤特性、气候资源、水源条件、排灌设施、耕作制度、交通条件等具体情况，以制订场区规划。因此，因地制宜规划法则，要求在规划工作前期，深入了解农场地块及周边的自然地理环境、农业现状和基础建设条件，获得重要的基础数据，以保证规划方案具有较强的操作性。

（二）因势利导

农场本身就是一个系统，根据系统工程原理，系统功能由其内在的结构来决定，而系统能否发展壮大，由其内在结构因素和外部因素共同决定。外部因素通常包括经济周期、科技发展趋势、政府宏观政策、行业发展状况等。因势利导法则要求在规划时，综合分析社会进步、经济发展、科技创新、市场变化的大趋势，国内外相关行业的总趋势，研究政府的意志和百姓的意愿，对农场进行战略设计和目标定位。在此基础上，对农场进行功能设计和项目规划，保证农场发展在一定时期内具有先进性和前瞻性。

（三）因人成事

农场主体属地化特征和区域优势农产品影响较大，要求在组织管理体系和运营机制的设计中，要把科学管理的一般原理和地方行政、地方文化相结合。应用“因人成事规划法则”，要求在规划过程中要研究规划实施主体及其内外关系、相互关系，通过反复征求项目实施主体对规划方案的意见，甚至可以把规划实施的主要关系人纳入规划团队中，使规划方案变成他们自己的决策选择。

（四）因难见巧

因难见巧主要强调规划成果要解决项目的发展难题，提出一个可行方案。要求农场规划者要有更高的视野来设计农场的目标和功能，在规划过程中自觉运用系统工程的思想和方法，积极思考，勇于创新，通过反复调查、研究、策划、征询、论证、提高，锤炼出既有前瞻性又有可操作性的农场建设和运营方案。

（五）因事制宜

因事制宜主要针对农场定位、场内项目的规划、功能分区以及景观设计等而言。根据农场所在区域特征、资源优势以及业主的要求确定农场的主题。如果是休闲农场，也应有其鲜明的主题和特色；如果是单一的种植农场、养殖农场，也应有其主要品种与规模；如果是综合性农场，无论是生产性的还是科技展示性的，抑或多功能复合性的，必须考虑各个功能分区布局以及其适宜的组配模式。因此，在确定农场主题的前提下，应该根据场内实际条件，科学合理规划场内分区、功能项目、景观营造等，确保农场的规划符合业主要求，科学合理，同时操作性强。

三、家庭农场规划的基本步骤

进入农场规划的前提是农场投资者或经营者做好了相关准备工作，比如在农场选址、规模、发展定位、发展方向，以及初步投资意愿等方面做了较充分的考虑。在此基础上，选择规划单位进行规划设计。规划单位的选择应充分考虑单位水平、规划人员的文化背景和规划经验。在双方达成正式协议后，开始进入实质性规划阶段。

（一）调查研究阶段

1. 规划(设计)方进行考察

了解农场用地的自然环境状况、区位特点、特色资源、规划范围、收集与农场有关的自然、历史和农业背景资料，对整个农场内外部环境状况进行综合分析。

(1)基础条件。对家庭农场规划场地的作物种植状况、土地流转情况、区域界限、各类型土地面积、地形状况和场地所在地区的气候和土肥情况、水资源的分布与储量状况进行调查，确定该地区所适合种植的农业作物的种类，并根据场地地形地势的差异合理布置作物的种植区域。了解地区的基础设施状况，包括农场所在地交通状况、水利设施、水电气情况等方面。同时，还可以了解地区的环境质量状况，水体、土地的污染程度等，为今后的改善和治理工作打下基础。

(2)社会经济发展状况。家庭农场的发展是以地区的经济发展水平为基础的，一方面家庭农场的开发需要地方经济的支持，另一方面当地经济的发展能带动家庭农场各产业的发展。

因此，在规划初期一定要结合地区的经济发展状况确定家庭农场的类型和规模，这样不仅能节约投资，还能避免资源的浪费和对环境的破坏。

2. 市场调研

明确市场供求现状和发展前景，是选择项目方向的重要前提。首先要明确调研目标，制订调研方案，然后组织调查，收集基础资料，通过实地调查和分析研究，提出调研报告。

(1)市场供求状况。农产品规模化生产后，还应投入到市场中，确定农产品的市场经济价值，只有生产具有市场经济价值的农产品，才能产生更好的经济效益。因此，在规划前期应对当前农产品市场的发展趋势进行预测，确定具有投资潜力的农产品种类，这将有助于家庭农场生产规划的顺利进行。市场的选择大多是对应本地区或是本地区周边省(市)，但对于本身基础较好，经济实力较雄厚的家庭农场也可以面向全国，甚至国外市场。

(2)投资经济效益分析。根据市场调查数据的统计分析，结合农场的建设背景和市场容量，确定家庭农场的开发规模和建设项目，从而预测出家庭农场建设的投资成本和收益利润，为农场的顺利建设提供保障。

3. 提出规划纲要

规划纲要包括主题定位、区位分析、功能表达、项目类型、时间期限、建设阶段、资金预算及投入产出期望等。

(二)资料分析研究阶段

(1)分析讨论后定下规划的框架并撰写可行性论证报告，即纲要完善阶段。一般包括农场名称、规划地域范围、规划背景、场内布局与功能分区、时间期限、建设阶段、投资估算与效益分析等内容。

(2)农场经营者和规划(设计)方签订正式合同或协议，明确规划内容、工作程序、完成时间、成果等事宜。

(3)规划(设计)方再次考察所要规划的项目区，并初步勾画出整个农场的用地规划布置，保证功能合理。

(三)方案编制阶段

(1)初步方案。规划(设计)方完成方案图件初稿和方案文字稿，形成初步方案。方案包括规划设计说明书、平面规划图及各功能区规划图等。

(2)论证。农场经营者和规划(设计)方双方及受邀的其他专家进行讨论、论证。

(3)修订。规划(设计)方根据论证意见修改完善初稿后形成正稿。

(4)再论证。再论证主要以农场经营者和规划(设计)两方为主，并邀请行政主管部门或专家参加。

(5)方案审批。上级主管及相应管理部门审查后提出审批意见。

(四)形成规划文本阶段

规划文本包括规划框架、规划风格、分区布局、道路规划、水利规划、绿化规划、水电规划、通信规划和技术经济指标等文本内容和绘制相应的图纸。文本力求语言精练、表述准确、言简意赅。

(五)施工图件阶段

施工图纸包括图纸目录、设计说明书、图纸、工程预算书等。图纸有场区总平面图，建筑单位的平、立、剖面图，结构、设备施工图等。这是设计的最后阶段，主要任务是满足施工要求，同时做到图纸齐全、明确无误。

第三节　家庭农场规划的内容与要求

随着经济社会的发展，规模农场的建设在我国呈现蓬勃发展趋势，许多家庭农场、种养大户、专业合作组织、农民合作社等开始投资家庭农场。家庭农场建设是农业经营模式的创新，其发展顺应了社会的需求。但家庭农场建设缺乏理论指导，缺乏成功经验借鉴，缺乏农场在本区域的正确定位和科学合理的规划设计，以及全方位的技术支持等。因此，农场规划与建设有待深入研究与探讨。

一、家庭农场规划的基本要求

家庭农场规划设计必须达到以下几个方面的要求：

1. 定位明确

结合场区实际情况，确定农场主题，突出农场特色。首先必须确定农场的主体功能。种植农场确定种植哪一种或几种主要作物，如何合理配置；养殖农场确定哪一种或几种主要畜禽或水产；综合农场确定种植、养殖种类以及循环利用模式；休闲观光农场根据农场区位特征，确定一个鲜明的主题。在经济发达、城市化发展快的大城市，可以不以某一特色为主题，可以充分体现农业的新内涵和多样化，其建设与现代化城市的环境和功能相匹配。在中小城市及经济较发达的县(区)，要体现“特”和“专”，即体现农业特色和某方面的专业水平，以本地特产或特色品种为主。

2. 布局科学

家庭农场功能布局、建筑设施、生产设施、水利设施、交通道路等设置科学合理，满足农场生产管理以及配套服务等方面的需要。要求设计者既要懂得农业生产、农业经济、生态理论等方面的专业知识，还应具有一定的规划设计功底、文化素养、生态美学等方面的知识，把农业生产有机地融入到农场设计之中，创造出美的视觉享受。规划过程中切勿机械组合、堆砌，应突出农业生产这个中心主题，建设成充满生机与活力、主题鲜明的家庭农场。

3. 展示科技

家庭农场应成为农业高新技术展示窗口与应用平台。要充分体现采用现代化科技手段进行作物栽培和畜禽养殖的相关技术和模式。广泛采用现代农业新技术、新设施、新产品，以及把各种环保节能新技术应用到农场生产、生活的各个领域，使生产、生活以最少的物质和资源投入，获得最大回报。比如，农业机械、农业设施的使用、立体种植模式、循环农业模式、自动喷灌、温室大棚、增温保温技术、无土栽培技术等，充分体现农场生产的科技含量。

4. 生态和谐

家庭农场规划设计首先要充分尊重自然规律，利用生态学原理，在农业生产领域进行科学设计，合理进行时空布局，最大限度地利用农业自然资源，显著提高资源利用效率。其次，利用有利于生态循环的技术进行种植、养殖设计，构建场内循环利用系统，对作物生产、畜禽养殖进行无害化处理、资源化利用。再次，道路、建筑和围墙等立体空间尽可能绿化美化，创造一个生物四季演替繁衍、平衡和谐的生态系统。

二、家庭农场规划的主要影响因素

一般来说，一个家庭农场往往包含多个项目。家庭农场总体规划，要充分考虑以下九个方面的因素：农场定位、科技含量、功能需要、经济效益、社会效益、环境保护、投资风险、建设难度、本地特色。

1. 农场定位

根据前期调研实际情况，以确定农场是单一性种植、养殖农场，还是种养结合农场、科技示范农场、休闲农场等。农场定位必须明确，特色要鲜明。种植农场以哪种作物为主要作物，养殖农场以哪种畜禽或水产为主，种养结合应考虑哪种循环利用模式，科技示范农场是科技成果展示窗口，考虑示范哪些科技含量高的内容，休闲农场考虑如何集娱乐、休闲与农作于一体。比如，有机水稻生产农场、无公害蔬菜生产农场、优质椪柑农场、奶牛场、花猪养殖场(猪—沼—果)等。

2. 科技含量

进入农场的项目，应具有技术的先进性，突出农产品生产的科技含量。只有引进、开发种植、养殖、休闲等领域的高科技，才能提升农场的整体效益，才能充分体现家庭农场的现实需求。种植农场必须考虑良种良法相结合，充分利用主要农产品优良新品种(系)和比较成熟的实用型先进技术，以机械化生产为手段，以提高产投比，增加生产利润，如水物繁育农场，利用农用飞机进行机械化种子生产等。养殖农场必须结合市场需求，利用先进的养殖技术，采用现代化的管理方式，以提高生产效益；种养结合农场必须在生态学、循环经济理论的指导下，既提高经济效益，又提高生态效益；休闲农场必须开发项目创意与优化配置，以增进知识性、教育性、娱乐性。没有科技含量的农场是不可能持续发展的，也难以达到高效益的目标。

3. 功能需要

对项目的设置要考虑有助于农场整体功能的完善。有的项目，单独看可能科技含量不高，也可能没有什么经济效益，但如果没有它，将带来农场管理和运作的不便，这些称之为功能性配套项目。从提高系统总体效率的角度，这些项目也是需要规划与建设的。

4. 经济效益

经济效益是农场项目选择的核心指标。家庭农场如果没有自身的经济效益，就不可能长期持续发展。经济效益表现在单个项目上，就是该项目的赢利能力，可用净现值、内部报酬率、投资回收期、成本利润率等指标来具体衡量。因此，在项目选择时，除功能性项目外，可以实行经济效益指标的“一票否决制”。

5. 社会效益

家庭农场的社会效益应十分明显，特别是政府主办的家庭农场更应如此。社会效益主要体现在如下五个方面：第一，提高农民收入水平和农村劳动力就业水平；第二，为社会提供农产品和其他服务产品；第三，改善农场从业人员生活和工作条件；第四，促进生产方式的改革，以适应生产力发展；第五，提供农村劳动力就业机会，有利于社会稳定。家庭农场一般来说其社会影响都是正面的，但如果操作不慎，也可能会产生一些负面影响，如强征土地引起农民不满，强迫连片种植某一种作物遭到农民抵制而发生冲突等。因此在选择项目时，要考虑农民的利益和接受的程度，尽量避免可能会产生负面社会影响的项目。

6. 环境保护

环境保护也是家庭农场在建设和发展过程中应重点考虑的因素，是农场可持续发展的重要保障。当然，并不是所有的农业项目都对环境有利。例如，大规模的养殖场，如果粪便处理不当，就可能造成环境污染；部分农村化肥的过量使用，对环境造成了一定的危害。家庭农场的项目选择，应以改善环境、优化环境为重要参考指标，包括减少化肥流失、减少农药残留、防止水土流失、提高土壤肥力、净化空气、净化水域、降低噪声污染和降解重金属污染等。比如，测土配方施肥、平衡施肥、病虫害绿色防控等。

7. 投资风险

投资风险是任何项目选择所必须考虑的重要因素。家庭农场不排斥高风险的项目，具有科技家庭农场孵化功能的农场尤其如此。对一个综合性的家庭农场来说，在项目的配置上应该平衡，既要有高风险、高回报的项目，也要有风险小、利润一般的项目。对具体的单体项目来说，任何项目的选定，必须要做可行性研究，在可行性研究中要有风险分析。

8. 建设难度

建设难度是一个可操作性问题，对项目的选择影响很大，与投资风险也有一定的关系。建设难度大，投资风险也就大。家庭农场不排斥开发难度大的项目，但家庭农场的启动项目建设难度越小越好。

9. 本地特色

家庭农场，特别是现代休闲农场，本地特色是其在竞争中取胜的法宝。一个农业项目，只有有效挖掘并利用了当地的资源优势、市场优势、文化优势、社会条件优势之后，才真正具备吸纳资源的独特能量，市场份额才能得到长期的巩固与扩大。要求一定要将所引进的外来技术与农场的优势条件相融合，使项目本土化，促进农场资源的深度开发与利用，同时带动本地产业结构的调整和农民收入的提高。

三、家庭农场规划的主要内容

（一）应考虑的主要因素

家庭农场生产项目规划，是一个项目研究和明确的过程。在这个过程中，需要考虑如下几个方面的因素：项目产品的市场前景、关键技术、本地效应、操作方案、投资预算、收入规划、运行费用、现金流量表的构造、效益评价与风险估计等。

1. 市场前景

市场研究是项目规划的第一步。如果通过市场研究得出有利的结果，项目才有被确立的意义。通过市场研究，分析和预测项目产品（或服务）的特点、优劣势和市场前景，明确产品（或服务）的类型。比如，成本竞争型、质量竞争型、消费引导型；明确市场主要面向国际还是国内、面向外地还是本地，市场容量总共有多大、本项目将占有其中的多大份额。

2. 关键技术

技术的引进和技术条件的改善，往往是家庭农场投资的重点。必须明确：农场项目开发的技术路线、关键技术、本农场的技术优势、解决关键技术问题的条件、改善技术条件的办法等。

3. 本地效应

一个项目只有在当地的社会经济中发挥积极的作用，项目才有发展的可能，才有赢利的机会和后劲。作为家庭农场的经营者或设计者，必须考虑项目对农场总体目标的贡献，与本农场总体目标无关的项目或相悖的项目，不应该引入农场，以免因小失大。

4. 操作方案

操作方案主要指技术上的工艺流程或业务流程，既是理解项目、描述项目的关键步骤，也是项目投资预算、收入和运行费用测算的依据和基础，操作方案应尽可能详细。

5. 投资预算

投资预算主要是指生产资料、技术和设备等方面的投入，以及本项目所特需的基础建设费用。投资预算主要参考业务流程，此外还必须考虑到前期的沉淀费用和未来在项目建设过程中的管理费用和不可预见费用。

6. 收入规划

收入规划主要考虑更高层面对项目总体经营目标的要求，以及市场定价和拓展的最佳策略。项目满负荷运行时可以得到最大产出量，但实现最大产出量不一定是一个最佳的选择。最佳的选择应该是经济效益最大或系统效率最高，因此需要对收入进行规划。当技术设备的容量确定不变时，项目的收入与运行费用往往成正比例关系。

7. 运行费用

有了收入指标，就应该设计实现收入指标的运行方案，由此可以进一步对运行费用进行测算。运行费用包括物质耗费和人力资源的耗费，这与项目的组织管理形式与运行机制关系非常密切。如何以最少的费用实现既定的目标，需要进行多方案的比较。

8. 现金流量表的构造

普通项目的现金流量表，主要由现金流出、现金流入、现金净流入、净现值等栏目构成。项目周期和贴现率是构成表格和计算净现值的重要参数。现金流出包括投资、运行费用。现金流入包括销售收入(或服务收入)和残值。贴现率通常以政府公布的行业贴现率标准，或以本农场的最大筹资成本或资金机会成本。现金流量表是一个项目经济效益的全面表现和依据。

在家庭农场项目的现金流量表中的流入和流出栏中，应将收入和费用支出明确列出，以便对本项自进行综合评价。

9. 效益评价与风险估计

项目的效益评价包括经济效益、社会效益和生态效益的评价。经济效益评价主要依据项目的现金流量表，但要考察数据来源的可靠性和各种安排的合理性。风险估计主要考虑市场行情、技术安排、时间衔接和项目管理等方面。

(二)区位与选址

1. 家庭农场的区位选择

德国人奥格斯特·廖什(August Loseh)说过："我们的生存，在时间上不能由我们的力量来决定，但对于区位，我们大都能够自由选择。"作为承载一种或多种农业经济活动的特定区域，家庭农场的区位选址对农场的规划、建设及后续发展都具有十分重要的意义。良好的区位选择可以便捷地获得农业自然资源、高新技术、资金、人才、信息等，有利于开展农业高新技术的研究及农产品的标准化生产、加工、销售等，可以降低成本，增加利润，提高农场的经济、生态和社会效益。而盲目的选址则不利于农场的建设与发展，甚至会带来永久性的区域经济的低效益。美国著名的 DMJM 房地产开发公司史密斯博士认为：在开发一个高新技术产业农场的时候，区位选择是高技术产业成功的关键。

家庭农场的区位选址需从气候、光照、温度、土壤、水源等与农业生产直接相关的因子及农业科技、配套设施等多个方面考虑。影响家庭农场规划选址的因素很多，其主要的影响因素体现在以下四个方面，即基础条件、经济基础、科技水平和人文资源。

1)基础条件

基础条件是指家庭农场选址地的实际情况，主要包括自然环境条件、用地条件和基础设施条件。基础条件对农场选址有直接的影响，关系到农场的产业规模、空间布局及主导产业发展方向等问题。

(1)自然环境条件。家庭农场基址的自然环境条件主要涉及气候条件、水文与水质条件、生物条件等。气候条件的影响因子主要是指对农作物的生长至关重要的光照、温度和降水量。优质丰富的水资源不但能为农场内的生产和生活提供用水，而且可以作为景观资源进行开发。生物条件主要包括场内种养现状、微生物的种类及生长状况，影响农场内功能分区与布局。良好的自然环境条件既是发展农业生产的基础，也是决定家庭农场选址的关键。

(2)用地条件。用地条件影响家庭农场项目的开展和建设，因此也是选址的重要因素之一。这主要体现在地形地貌、坡度、用地类型和土地流转集中状况几个方面。常见的地形地貌从坡度分布与分级、沟谷分布数量结构等方面来考虑，主要分为高原型、平原型、盆地型、山地型、丘陵型和岛屿型，不同地形地貌特征使农场类型多样，进而影响到农场的产业类型。总体原则是因地制宜，统筹兼顾，突出特色。坡度对景观营造和建筑道路建设起着重要影响。通过租用、入股等多种形式，促进土地流转，适度集中连片，是影响农场分区布局的重要因素，是兴建农场的重要前提。

(3)基础设施条件。家庭农场选址地内及周边的水、电、能源、交通、通信等基础设施是农场规划建设中不可缺少的条件和因素。选址地基础设施条件直接关系到农场开发建设的难度和投资的金额。便利的外部交通有助于区域外的人力资源、技术资源、信息资源、资金等向农场集聚，同时可以提高其招商引资的能力，吸引更多有实力的农业科技家庭农场来投资。便捷的内部交通则保证农场内农产品生产、加工、包装以及运输等有序进行。水电、能源设施是农场进行高科技农业生产的保证。完善的通信设备，有利于保证市场信息、科技信息等的收集、分析和发布。

2)经济基础

经济基础是指农场规划选址地经济发展状况，涉及经济发展水平、农业发展水平、居民生活水平、资金、市场等许多方面。当地经济环境条件对农场的建设与发展影响很大。对于经济较发达的地区，经济活跃有利于农场集聚资金，产业发达有利于农场生产布局，促进规模化生产和高科技的投入，发展潜力大；反之，潜力小，制约农场及当地产业发展。衡量某地的经济水平的两个重要指标是当地的市场消费能力和投资能力。

(1)市场消费能力。保障农场未来的农产品能够销售出去是家庭农场立项的必要条件之一，必须予以充分重视。农场所在区域的市场消费能力在很大程度上影响着农场的发展规模和农产品的销售前景，当然也影响着农场经济效益。因此，在农场规划前期，加强市场消费能力的调查分析，是避免造成农产品区域过剩的有效办法。

(2)投资能力。家庭农场项目资金的来源主要有三种途径，一是申请国家财政资金，主要用于农场基础设施建设和农场发展科技支撑等方面；二是引进家庭农场资金投资；三是当地农民入股投资。农场规划选址时需考虑上述三种方式的投资能力，或加强与银行、投资公司的合作，拓展投资渠道，探索新的投资方式。

3)科技水平

场地所在地农业科技水平是农场选址应考虑的因素之一。

农业科技包括农业生产技术装备、农业机械化程度、农业耕作技术、农业信息化水平、农业经营管理水平等方面。农业科技水平很高，有利于提高劳动生产率。先进和适用的耕作技术应用范围广，农业资源得到更好的优化配置，充分发挥农业生产的地域优势。先进的农业科技有助于促进农民改变传统的价值观念、生产方式和生活习惯，有利于农业生产经营活动，从而促进农场的健康良性发展。

4)人文资源

家庭农场的功能一般不再局限于传统农业单一的生产功能，科普功能、教育功能、休闲观光功能等在一定程度上也成为农场功能的重要组成部分。因此，对于家庭农场，特别是休闲观光农场选址地周围的人文资源进行合理开发，把农牧业生产、农业经营活动与农村文化生活、风俗民情、人文景观等农业生产景观、农村自然环境有机结合，建设成融生产、加工、观光游览、科普教育等多功能为一体的综合性家庭农场。

2. 地址选择应考虑的因素

(1)选择宜做较大规模农业生产的地段，地形起伏变化不是很大的平坦地，作为家庭农场建设地址。

(2)选择自然风景条件较好及植被丰富的风景区周围的地段，也可在旧农场、林地或苗圃的基础上加以改造，这样投资少、见效快。

(3)选择利用原有的名胜古迹、人文景观或现代化新农村等地点建设现代休闲农场，展示农村古老的历史文化抑或是崭新的现代社会主义新农村景观风貌。

(4)选择场址应结合地域的经济技术水平、场址原有的利用情况，规划相应的农场。不同经济水平、不同的土地利用情况，农场类型也不同，并且要规划留出适当的发展备用地。

（三）家庭农场布局

布局是对有关事物和事件的全面安排。空间布局从不同的角度可分为空间功能分布、空间结构设计、空间形态设计、空间要素布置、空间层次分析等；根据不同研究内容又可分为产业空间布局、绿地空间布局、居住空间布局等。农场空间布局指的是农场各功能小区的空间布置。

在农场系统规划、建设和运营中，场区空间布局是具有重要影响的基础性和关键性工作。根据农场区域自然条件、地形地貌和开发现状，以优化生产区、生活区、管理区、示范区以及休闲娱乐区等为出发点，合理配置农场内主要建筑物、道路、主要管线、绿化及美化设施。对于家庭农场而言，生产区的作物空间布局优化是主要内容。根据场地作物生产结构要求，按作物重要性、作物田块适宜性、作物适植连片性，形成符合作物结构优化目标的空间布局方案。

1. 空间布局方法

1）土地用途分区

根据《中华人民共和国土地管理法》和土地利用总体规划的有关技术规范要求，土地用途分区是土地利用总体规划的重要内容。依据农场发展定位、土地资源特点和社会经济发展需要的要求，按照土地用途规则的同一性划分土地空间区及土地用途区。

（1）基本农田保护区：是指按照一定时期人口和社会经济发展对农产品的需求，依据土地利用总体规划确定的不得占用的耕地。基本农田是耕地的一部分，而且主要是高产优质的那一部分耕地。比如，经国务院有关主管部门或者县级以上地方人民政府批准确定的粮、棉、油生产基地内的耕地；有良好的水利与水土保持设施的耕地，正在实施改造计划以及可以改造的中、低产田；蔬菜生产基地；农业科研、教学实验田；国务院规定应当划入基本农田保护区的其他耕地。

(2)可调整耕地区：是指将现状为其他农用地但土地条件可以调整为耕地用途、视作耕地进行管理的土地用途区。

(3)一般农业区：主要用于农业生产，切实保障种植业的需要以及直接为农业生产服务使用的土地用途区。

(4)林业用地区：指用于林业生产的土地的总称。包括用材林地、防护林地、薪炭林地、特用林地、经济林地、竹林地等有林地及宜林的荒山荒地、沙荒地、采伐迹地、火烧迹地等无林地、灌木林地、疏林地、未成林造林地等。

(5)牧业用地区：是指为畜牧业发展需要划定的土地用途区。

(6)建设用地区：是指为农场建筑发展需要划定的，是利用土地的承载能力或建筑空间，不以取得生物产品为主要目的的用地。

(7)风景旅游用地区：是指具有一定游览条件和旅游设施，除居民点以外，为居民提供旅游、食宿、休假等的风景游览用地和游览设施用地。

(8)人文和自然景观保护区：是指为对自然、人文景观进行特殊保护和管理划定的土地用途区。

(9)其他用地区：是指根据实际管治需要划定的其他土地用途区，其命名按管治目的确定，如可调整耕地区、水源保护区等。

2)土地开发建设分区

(1)重点农用地。农业用地主要用于农业生产及直接为农业生产服务使用。鼓励农业用地区内的其他用地转为农业生产及直接为农业生产服务的用地；按规划保留现状用途的，不得擅自扩大用地面积。控制农业用地区内的农田改变用途。

(2)重点建设用地。各项建设用地区内的土地要对应用于各项建设，严格执行总体规划；要节约集约利用土地，努力盘活土地存量，确需扩大的，应利用非耕地或劣质耕地。严禁擅自改变土地原有用途；严禁废弃、撂荒土地，能耕种的必须耕种。控制建设用地规模，严格按照国家规定的行业用地定额标准安排建设用地。

(3)一般建设用地、一般农用地、混合用地。除改善生态环境、法律规定外，不能擅自改变土地利用类型。严格保护基本农田，以及其他专业化农业商品基地建设用地。禁止乱砍滥伐、倾倒废弃物等破坏生态环境和景观资源的行为。

2. 地理区划方法

地理区划是地理科学进行空间差异特征分析的最基本的方法，根据自然地理环境及其组成成分在空间分布的差异性和相似性，将一定范围的区域划分为一定等级系统的系统研究方法。区域划分的主要依据是区域内的资源、环境、发展的基本条件和潜力，现有生产力水平、面临的主要任务及发展方向等方面的一致性。

(1)生态景观，是指由地理景观(地形、地貌、水文、气候)、生物景观(植被、动物、微生物、土壤和各类生态系统的组合)、经济景观(能源、交通、基础设施、土地利用、产业过程)和人文景观(人口、体制、文化、历史等)组成的多维复合生态体。它不仅包括有形的地理和生物景观，还包括无形的个体与整体、内部与外部、过去和未来以及主观与客观间的系统耦合关系。景观的综合划分是以自然景观、经济景观和人文景观的综合特征的相似性和差异性为前提而进行的，它所要揭示的是景观的全部属性的相似性或差异性，而不是其中的某一方面。

(2)自然景观。根据自然景观的地域分异规律，按地域的相似性和差异性进行地域的划分与合并，即把自然特征相似的地域划分为一个区，在发生差异变化的地方确定为区界；然后，对这些自然特征相对一致的区域的特征，及其发生、发展与分布规律进行研究，并按其区域之间的等级从属关系，建立一定的自然区域单位的等级系统。

(3)经济景观，是指将自然环境各类景观和人文社会各类景观作为一个整体进行研究，探索文化演进中人类对于各类景观资源的消费、创造等行为模式以及由此产生的经济效应和经济活动规律，划分的理论依据是经济景观的地域分异规律。

(4)人文景观，是社会、艺术和历史的产物，带有其形成时期的历史环境、艺术思想和审美标准的烙印，具体包括名胜古迹、文物与艺术、民间习俗和其他观光活动。比如，一些老村子红军长征遗留下来的标语、新中国成立初期遗留下来的口号等。以人文景观的地域分异规律为理论基础，依其社会文化地域综合体的相似性和差异性进行合并和划分，即按其相似性可以把级别较低的人文景观合并成较高级的人文景观，并依其地域联系逐级排列成一个等级序列，即为人文景观区划。

3. 空间布局模式

大规模的综合性农场，特别是科技示范农场的空间布局可以参照现代农业科技园区布局模式，主要分为矩形布局模式、圆形布局模式、圈层布局模式和园中园布局模式。科技农场的实践不仅可以是某一单一模式的运用，亦可以是多种单一模式的综合运用。比如，农场总体布局属于圆形布局模式的，对于局部卫星农场而言也可以采用圈层布局模式或园中园布局模式；对于总体上属于园中园布局模式的，在局部的小园当中也可以采用圈层布局模式。

4. 具体布局方式

家庭农场空间布局要求如下：

(1)要符合区域农业和农村经济发展战略。目前，家庭农场的发展要充分发挥其示范辐射功能，促进周边地区农业和农村经济的发展，推动现代高效农业的发展，繁荣农村经济，带动农民增收，产生良好的经济效益、生态效益和社会效益。

(2)要依据区域农业资源条件。农业资源条件是影响农业产业发展的首要因素，因而家庭农场规划项目时要依据场内地形地貌、土壤类型、气候条件、利用现状等方面来布局。

(3)要依据农场的功能定位。单一功能家庭农场与多功能综合性家庭农场的空间布局模式显然是不相同的。

(4)一般规模的家庭农场的布局形式根据非农业用地，也就是核心区在整个农场所处的位置来划分，常有围合式、中心式、放射式、制高式、因地式(见表3-1)。

表3-1 农场布局方式与要求

布局形式	非农业用地	农业用地
围合式	整个农场中心	分布在农场四周
中心式	靠近入口处中心	分布在农场内各区域
放射式	农场一角	其余为农业用地
制高式	农场地势较高处	在其下方
因地式	结合实际情况而定	多种方式并用

(四)家庭农场的分区

家庭农场功能分区时，要有所偏重、有所取舍，做到因地制宜，区别对待。

1. 功能分区原则

(1)满足农场需求。各功能分区及规划内容要满足农场的各项功能要求，分区因需要而设置。种植区根据不同土地用途，亦可划分为不同种植模块，比如旱地种植、稻田种植、林地种植；每个种植模块又可以分为不同作物种植搭配模式。

(2)充分利用农业资源。农业资源包括现有的水利设施、道路、自然景观。自然资源包括阳光、水、土壤等条件。结合农场现有农业资源因地制宜确定农场各功能区类型，尽可能避免大规模基础设施改造而增加农场建设成本。

(3)保持空间布局的完整。空间布局指农场各功能区域在农场内部的具体分布，应尽量保持生产区域的规模，不能太细分。同时，注意保持现有的行政界线、生产区的完整。合理的空间布局有利于农场各区域的有效衔接，提升农场生产效率。

(4)注重以人为本。功能分区应遵循以人为本的原则，特别是休闲观光农场，依照生产者和旅游者的双重需要，通过合理布置功能，既方便农场管理与生产农事，又方便游客观光休闲、娱乐体验，实现更高的生产效率和更舒适便捷的观光游览。

2. 分区规划

1)功能分区要求

(1)据情设区。根据家庭农场的建设与发展定位，合理分布农场各区域。种植区、养殖区、休闲区等合理布局。种植区宜农则农，宜林则林，旱地、水田种植结构合理优化，作物搭配、茬口衔接、立体种植科学。整体空间布局可用规范式网状道路或水利形成基本分区骨架，以充分体现农业科学的本质特性和现代农业文化的理念性。

(2)集中连片。主栽作物应集中连片，便于大面积规模化生产管理；示范类作物按类别分置于不同区域且集中连片，既便于生产管理，又可产生不同的季相和特色景观。

(3)生态安全。养殖区应根据养殖对象的特点，遵循循环农业的基本原则与生态学的基本原理，科学规划、合理布局，进行无害化处理，资源化利用，变废为宝。

(4)功能多样。科技展示性、观赏性、体验性和游览性强且需相应设施或基础投资较大的其他项目，应相对集中布局于主入口和核心服务区附近，既便于建设，又利于集聚人气。

(5)高效配置。经营管理、休闲服务配套建筑用地，集中置于主入口处，与主干道相连，便于土地的集中利用、基础设施的有效配置和建设管理的有效进行。

2)功能分区

典型现代综合农场一般可分为生产区、示范区、观光区、管理服务区、休闲配套区等。

(1)生产区。生产区在家庭农场中占地面积较大，主要用于农作物生产，果树、蔬菜、花卉苗木园艺生产，畜牧养殖、水产养殖，森林经营，故需选择土壤、地形、气候条件较好，并且具有灌溉、排水设施和水源的区域。区内可设生产性道路，以便生产和运输。

(2)示范区。示范区是家庭农场中进行农业科技示范、生态农业示范、科普示范、新品种新技术展示、设施农业新装备展示的需要而设置的区域，可以体现农场是新技术推广示范的载体，并能向农场周边辐射，加速农业高新技术应用。

(3)观光区。观光区是家庭农场中人流集中的地方。通常是休闲农场应有的主要功能区，设有观赏型农田、观赏型作物、瓜果、珍稀动物饲养、花卉苗圃等，场内的景观建筑通常多设在此区。选址可选在地形多变、周围自然环境较好的区域，让游人身临其境，感受田园风光和自然生机所带来的身心愉悦。该区域人流集中，要合理地组织空间，并有足够的道路、广场和生活服务设施。

(4)管理服务区。家庭农场经营管理而设置的内部专用地区，特别是大型的综合性家庭农场，此区内可包括管理、经营、培训、接待、咨询、会议、车库、生活用房等，一般位于大门入口附近，与农场外主干道有车道相连，与场内其他区有车道相连，便于运输。

(5)休闲配套区。在家庭农场中，特别是综合性农场、休闲观光农场，为了满足游人休闲需要而设立。对于单一的生产性农场可以不专设此区。休闲配套区一般应靠近观光区，靠近出入口，并与其他区用地有分隔，保持一定的独立性。规划者应在充分理解旅游者的心理需求的基础上，通过设立采摘区、体验区、观赏区等区域，充分挖掘农场特色资源，彰显农场主题，设计融生产体验、农耕文化传承、农业知识普及、休闲娱乐于一体的特色项目，营造一个供游客享受乡村生活空间和参加体验的场所。

(五)农场产业项目规划

农场的规划设计者必须具有农业科技知识背景和跨学科、多技术的整合能力，否则其规划设计方案就难于达到科学性、合理性和可操作性。因此，对农场规划人员的素质提出了很高的要求。

家庭农场规划中的产业项目设计时，既要考虑满足当地开发条件，又能提升农场经济效益。比如，农作物种植、经济作物种植、花卉苗木种植、水产养殖等的场地条件和设施条件。规划时考虑农场生产技术的先进性，特别是机械化生产技术和现代设施农业生产技术的运用。

1. 规划要求

(1)因地制宜。长期的农业生产积累和不断调整优化造就了各地不同的农业特色，产业规划要根据当地的区位特征、资源条件、农业基础及社会经济等因素综合考虑，提出适合农场产业发展的规划思路。同时，不同的区域、地段、地形、水文、气候等条件差异对不同产业类型及构成要求不同，需要的技术和设施要求也不同。

(2)经济效益。农场的项目选择，关系到整个农场的技术水平和经济效益。经济效益是家庭农场生存和发展的主要目标。因此，产业规划时应从实际出发，充分考虑当地资源、市场等方面的优势，抓住当地的农业特色和优势农产品，分析产品市场上的供求关系、价格幅度、风险因子等，弄清农场产品的市场占有额以及市场扩展能力，确定农场产业发展的方向和目标。

(3)主导产业。选择具有资源、市场、技术等潜在优势和广阔发展前景的产业作为农场的主导产业，通过进一步开发和挖掘，发展成为当地农村或区域经济发展的支柱产业，带动农场及当地的农业产业发展，如水稻产区的有机稻米、四川的无花果、青海的冬虫夏草、重庆的翠藕等。

(4)先进技术。农场的项目选择必须以先进的科学技术为支撑，这样农场不仅可以作为带动区域经济的增长点，而且可以成为高新技术产业培育与成长的源头，向社会各个领域辐射，体现农场的示范作用。

2. 产业规划内容

(1)功能定位。家庭农场产业要根据农场规划的指导思想和发展目标，立足于当地社会经济的实际条件，因地制宜，突出重点，确定恰当的建设内容和技术路线，指导农场产业规划建设，使农场发挥其应有的作用和影响。

(2)主导产业。合理的主导产业可以有效带动农场产业发展的步伐，同时还可以辐射周边地区，促进农业经济的发展。因此，在规划农场主导产业时，首先，要明确当地经济发展状况和农业产业发展趋势，结合国家和当地政府的农业政策及消费市场需求，认真分析主导产业的发展前景和发展空间。其次，应该慎重选择主导产业，通过定性分析和定量分析进行综合筛选，确定符合要求的产业作为农场的主导产业进行培育。种植业、畜牧业、水产养殖业和农产品加工业以及休闲农业等领域都有可能成为家庭农场的主导产业。

(3)优势产业。优势产业立足于现实的经济效益和规模，注重目前的效益，强调资源合理配置及经济行为的运行状态。家庭农场的优势产业规划应立足于当地农业基础产业的发展现状，在确定了主导产业的基础上，选择主导产业内的优势农产品作为优势产业。比如，种植业中选择优质稻米生产、畜牧业中选择宁乡花猪、黄山鸡、临武鸭养殖等。在农场内为优势产业提供其发挥功能的空间，实现其产业价值。

(4)配套产业。配套产业是指围绕该农场主导产业，与农产品生产、经营、销售过程具有内在经济联系的相关产业。对于以农业生产为主导产业的农场来说，餐饮业、旅游业等第三产业即为该农场的配套产业。观光休闲农场则以观光、娱乐、休闲、养生、体验为主业，农业生产是配套产业。配套产业虽然不能作为农场的主业，但其为保障农场功能的顺利开展，促进农场的全面发展是不可或缺的。

(5)投资概算与资金来源。家庭农场的投资概算主要由固定资产投资和流动资产投资组成，固定资产投资主要用于农场内部兴建厂房、建筑物及购置机器设备等固定资产的费用和其他费用，如土地租赁费、勘察设计费以及平整场地费、建筑工程费、公共基础设施费和人员培训费等。流动资金主要用于购买农业生产所需的材料、燃料、动力等，以及支付工资和进行农场内经营活动过程所需的各种费用。此外还必须考虑到农场建设前期的沉淀费用和未来在农场建设过程中的管理费用和不可预见费用。

农场的开发建设资金投入较大，因此应鼓励和吸引社会各方面力量参与投资，不断开辟新的资金来源渠道，形成多渠道、多层次的投资机制。资金来源主要有以下几个方面：一是国家财政资金申请，主要用于农场基础设施建设和农场发展科技支撑等方面；二是积极鼓励金融机构融资、引进家庭农场资金投资，甚至是家庭农场来投资兴办家庭农场；三是加强引导广大农户以土地、劳动力、资金等各种生产要素及以承包、入股等形式建立股份制家庭农场。

(6)效益分析与风险评估。经济效益主要是指农场建成后对农场本身及辐射区带来的直接经济利益和间接经济利益。社会效益主要表现在提供就业岗位、改善社会生活环境、提高居民综合素质、改善投资环境、增加财政税收等方面；同时通过农场的技术辐射，还可带动地区农业产业的发展及农业产业结构的全面升级。生态效益是在产业规划时运用了生态环保、循环利用的理念，将农业发展建立在“绿色生产”基础上，构建生态产业链，在提高农场生产效率的同时，维护农场的生态环境。

家庭农场的主要风险包括市场风险、技术风险、经济政策风险、工程风险、财务风险、投资估算风险、社会影响风险、环境风险等。风险评估一般采用专家调查法、层次分析法、CIM法及蒙特卡洛模拟法等基本方法进行。主要考虑的是市场行情、时间衔接、技术安排和项目管理等各方面出现偏差时造成农场效益发生变化，威胁投资安全的问题。

(7)组织管理与运行机制。第一，家庭农场的组织管理与运行应遵循市场化运作，最大限度调动农场从业人员的生产积极性和主动性，以农场效益为核心开展农场各项活动。第二，发展产业化经营，如“公司＋农场”。第三，避免过多的行政干预，政府主要是负责协调、指导、监督农场建设，保证农场规范运营。第四，农场应建立完善的人才招聘机制、激励机制及利益共享机制，完善各种规章制度，保证农场各项活动有序进行。另外，为了加强农场的科技含量，可以与科研单位、大专院校等建立合作关系，及时了解最新的农业技术和科研成果。

(8)保障措施。完善农场技术保障机制。依托科研院所，通过成果转让、项目咨询、技术培训等方式为农场的发展提供技术支持。

制定和完善配套政策。为建设家庭农场的投资者、创业人员、高新产业等提供优惠的政策支持。

加强农场社会化服务体系建设。加强农业信息网络建设，完善农产品供求和价格信息采集系统、农业环境和农产品质量信息系统等，为农场发展提供信息服务平台。

建立多层次、多形式、多渠道的投资机制。形成从政府财政投入为导向，信贷投入为依托，家庭农场、农民投入为主体，社会资金和外资投入为补充的多元化农业投资格局。

3. 农场产业分类

(1)农业生产。作物种植包括大田作物种植、旱地作物种植、园艺作物种植等；林业包括苗圃、花圃、林地、森林公园等；畜牧业包括牧场、家禽养殖场等；渔业包括大型鱼类养殖场、特种鱼类养殖场等。

(2)加工业。属于第二产业范畴，是对农业产业链的延伸。比如，米业公司进行稻米深加工、蔬菜加工家庭农场对蔬菜加工，价值提升；果品加工改善果品外观品质，或进行深加工处理，开发附加产品，促进农村剩余劳动力就业，增加农民收入。

(3)休闲农业与乡村旅游业。休闲农场、农家乐、休闲农业园区、休闲农庄、民俗村等以当地农村生活和农业劳动场景为背景开展的集观光、休闲、学习、体验于一体的综合项目，利用农村设施与空间、农业生产场地、农业产品、农业经营活动、自然生态、农业自然环境、农村人文资源等，经过规划设计，以发挥农业与农村休闲旅游功能，增进游客对农村与农业的体验，提升旅游品质，促进乡村旅游业的发展，增加农村就业机会和农民经济收入。

（六）景观规划

农田是景观，农场是景区，农业生产即为景观表达的过程，但对于生产性农场来说，并不是主要内容。在进行家庭农场景观规划时，有机地组配自然素材、人工素材、事件素材，有效地表达与显现家庭农场景观的形象、意境和风格。因此，家庭农场也可以是美丽优雅的风景区。

1. 规划要求

(1)斑块构建。以生态理论为指导，建设高效人工生态系统，实行土地集约经营，保护连片基本农田、优质耕地斑块；控制建筑斑块盲目扩张，构建景观优美，人与自然和谐的宜居环境；重建植被斑块，因地制宜地增加绿色廊道和分散的自然斑块，补偿恢复景观的生态功能。

(2)树种选择。功能区域边界、道路两旁、防护林等地绿化规划以乡土树种为主。这类植物适合当地环境条件，具有较强的适应性和抗性，而且可以体现民族特点和地方风格，且易于就近获得种苗，加快了农场绿化进程，既利于形成景观，又节约养护成本。

(3)立体结构。根据植物的生态学特性，合理配比乔、灌、草、花、菜，形成高低有致、疏密结合的植物群落关系，形成和谐、有序、稳定的植物群落景观，达到赏心悦目的效果和体现休闲功能。

2. 规划内容

(1)道路水系。道路、水渠、防护篱勾画出农场空间格局，自然引导，畅通有序，体现了景观的秩序性和通达性。而且家庭农场内一个完整的道路、水系景观的空间结构，为畜禽、农作物、昆虫等各种动植物提供良好的生存环境和迁徙廊道，是场(园区)中最具生命力与变化的景观形态，是理想的生态走廊。在一些农业历史文化展示的景观模式中，道路及水系景观保留了丰富的历史文化痕迹，这也是我们家庭农场规划的一项重要内容。

(2)设施农业工程。农业工程设施景观包括库塘、沟渠、挡土护坡、防护林、温室大棚、排灌站、喷灌滴灌等农业生产设施景观，既满足农业生产功能，又呈现出特殊的美学效果。农业设施是指各类农业建筑(畜禽舍、温室和塑料大棚等)能对环境进行调控的各种设备(采暖、光照、通风设备等)；环境自动监测和控制系统，如蔬菜育苗设施、植物工厂、沟渠、山塘水库等。

(3)农业生产。在大多数景观模式的规划中，农业生产景观是最基本和主要的内容。作物间套种搭配形成多层、立体、高效利用景观，稻田立体种养共栖模式，露地随季节变化的稻、油菜、果、菜等作物的季相色彩，温室内反季节栽培的蔬菜、瓜果和鲜活的畜禽水产等，无论在农业公园、农业庄园、风光田园、休闲农场等园(区)都是不可缺少的景观规划内容。

(4)环境绿化。绿化环境景观规划是农场总体景观的一个有力的补充和完善。对于综合性农场，在规划时首先应考虑到不同作物生长对光照有不同的要求，不能影响作物生长，因此，在树种选择上可选用一些具有经济价值的林果、花、灌木等，也可以乡土树种为主，衬托出自然的农林感。

春、夏、秋、冬园艺园林植物与大田作物的季相变化和果树的春华秋实、农场的人景亲和、道路绿化带的赏心悦目，构建了农场景象的时空特征、景观多样性和异质性。

（七）道路规划

1．规划要求

(1)因需而定。由道路功能定路宽、结构及路面材质，做到既美观又实用。

(2)便利通畅。以科学、有效、便捷为准则，场内道路既要利于生产经营，又要便于集散人流、物流。

(3)网状分布。道路成网规范，功能配套，合理分隔农场内各大小区域。

(4)功能明确。道路线形要与总体规划相结合，有主有次，并具有明确导向功能。

(5)节约用地。充分利用现有道路，并与供排水网结合，尽量节约土地。

2．规划功能

(1)种植区、养殖区主要是生产服务的专用道和游览观光的兼用道。

(2)集散区内人流、车流、物流的网格状交通主、次干道。

(3)成为各不同级别功能区的自然分界线，便于管理和经营。

(4)休闲观光农场，还应考虑服务区、管理区内游览观光用的游览车道和交通便道。

3．规划内容

交通道路规划包括对外交通、入内交通、内部交通、停车场地和交通附属用地等方面。

(1)对外交通，指由其他地区向农场主要入口处集中的外部交通，通常包括公路、桥梁的建造和汽车站点的设置等。对外交通对于农场的整体发展至关重要。在进入农场的道路设置有趣的引导标识吸引人的视线和激发其进入农场的强烈欲望。

对于观光休闲农场，外部引导路线的长度是极其重要的。根据游客不同出行方式的心理感受，在距离农场 5 千米处，设置大型广告牌。通过农场的实际照片及简单文字，介绍农场性质和特色项目。在整条外部引导路线上，每隔 500 米设置一处和农场主题、景点有关的雕塑，样式、形态、大小要有节奏变化。

(2)入内交通，指农场主要入口处到农场的管理、服务或接待中心间的道路，路面要求较宽、美观、实用。

(3)内部交通。内部交通系统的规划内容主要包括以下三个方面：①道路交通流线尽可能利用或选择自然现存的通道，如现有道路、河流等。②道路宽度要根据农场的性质以及各个功能区的特点与作用来确定主干道路、主要道路和次要道路及其宽度。③交通方式主要有地面交通和水上交通，主要包括车行道、步行道等。

一般农场的内部交通道可根据其宽度及其在农场中的串联组织作用分为以下三种。①主干道路。主干道路连接农场中主要区域及景点，构成农场道路系统的骨架。休闲农场在道路规划时还应尽量避免让游客走回头路。②主要道路。主要道路要伸出各生产小区，路面宽度约为 3 米，便于农用机械的入区操作。③次要道路。人行道路为各生产小区内的行走小路。布置比较自由，形式较为多样，对于丰富农场内的景观起着很大作用。

(八)绿化规划

1. 规划要求

在农场植树绿化既可以减少灰尘、净化空气，同时也可以调节气温，减少辐射、降低风速、截留降水，为农场农业生产创造有利条件。对于单一生产性农场而言，绿化规划不是其主要内容，可以作为辅助内容考虑。

(1)农场绿化要体现造景、游憩、美化、增绿和分界的功能。

(2)主要针对管理服务区、功能区边界、主干道路两旁以及闲置空地等，因地制宜进行绿化造景，而且不能影响到农作物生长所需的光照。

(3)绿化主要是植树、栽花、种草，而且宜用本地树种、花种、草种。

2. 规划内容

首先要按植物的生物学特性，从家庭农场的功能、环境质量、布局的艺术性等要求出发来全面考虑。家庭农场中不同的分区对绿化种植的要求也不一样。以综合性生产农场为例：

(1)种植区。种植区一般以落叶小乔木为主调树种，常绿灌木为基调树种形成道路两侧的绿化带，总体上形成与生产区内农作物四季变化的景观季相的互补效应。

(2)观光区。观光区内植物可根据农场主题营造不同意境的绿化景观效果，总体上形成以绿色为基调且季相变化丰富的植被景观。在大量游人活动较集中的地段，可设开阔的大草坪，并种植高大的乔木。

(3)管理服务区。可用高大乔木作为基调树种，与花灌木和地被植物结合，一般采用规则式种植，形成前后层次丰富、色块对比强烈、绚丽多姿的植被景观。

(4)休闲配套区。可种植一些观花小乔木并且搭配一些秋色叶树和常绿灌木，以自由式种植为主，地被四时花卉、草坪，形成春夏赏花、秋有红叶、冬季常绿的四季景观特色。也可规划建造一些花、果、菜、鱼等不同造型和意境景点，既与观光休闲农场主题相符，又增加农场的观赏效果。

3. 供选择的绿化植物

(1)观光乔木。常绿乔木，如油松、白皮松、龙柏等；落叶乔木，如槐树、泡桐、榆树等；观赏乔木，如广玉兰、马掛木、黑松、雪松、池杉、香樟、合欢、枫香、金丝垂柳、乌桕、栾树、白玉兰等。

(2)观光灌木，如月季、玫瑰、金钟花、沙抑、迎春、黄杨、栀子、海棠、红花檵木、杜鹃、金丝桃、六月雪、金叶女贞、夹竹桃、扶桑、海桐等。

(3)观果灌木，如火棘、枸杞、沙棘、石榴、金橘、水荀子、南天竹、枸骨、小檗等。

(4)芳香树种，如含笑、桂花、丁香、栀子、米兰、紫藤、月季等。

(5)观赏蔬菜，如彩叶生菜、五色椒、羽衣甘蓝、刺茄、金银茄、非洲茄、黄花菜等。

(6)地被花卉，如波斯菊、三色堇、金盏菊、孔雀草、诸葛菜、美女樱、蜀葵、葱兰、鸢尾、四季海棠等。

(7)观花植物，如梅花、腊梅、玉兰、樱花、连翘、丁香、紫薇、迎春花等。

(8)观叶植物，如银杏、栾树、青桐、火炬树、紫叶李、紫叶碧桃等。

(9)水生花卉，如水葱、菖蒲、浮萍、慈姑、荷花、睡莲、千屈菜、泽泻、碗莲等。

(九)场内水电规划

1. 规划要求

(1)农场内外水系贯通，有水源或有进水，排水通畅。

(2)充分利用原有的主要水系及水利工程，节省投资。

(3)场内灌排工程要因地制宜。

(4)分别考虑生产和生活用水。

(5)计算用电负荷，科学架设电网，安全布置电路。

2. 规划内容

1)灌排水设施规划

(1)灌、排、畜兼用，包括农场内主干水系。

(2)灌溉专用。场田内用与进水的硬质沟渠及喷、滴灌等用的各级专用干支管道。

(3)排水专用。场田内各级排水沟系，一般宽1.0～1.2米，深0.5～0.8米。

(4)种养兼用。“果—基—鱼塘”、“猪—沼—果(茶、林)—渔”等生态工程区。

(5)造景、养殖兼用。生产区、示范区、观光区、管理服务区内新开挖的池塘。

2)生活用水规划(估算)

(1)农场根据最高常住人口估算，最高日需水量按200升/(人·日)计。

(2)休闲农场规划则根据最高日流动人口估算，最高日需水量按100升/(人·日)计。

(3)规划家禽、水产类养殖及其他用水量。

3)生产用水规划

(1)根据生产区不同作物种类、畜类、鱼类的需水特性来确定灌溉用水量。

(2)现有水利设施常年储水能力与供水能力。

4)供水方式规划

(1)利用农场现有自来水供水管网增容解决。

(2)农场自建小型深井自来水厂以补充不足和以防不测。

(3)生产用水利用山塘、水库等储水设施供水。

5)排水规划

(1)生活污水无害化处理后排入场外界河，亦可直接作为农业生产灌溉用水。

(2)雨水通过集水系统汇入农场内山塘、水库、河沟，蓄作灌溉用水。

6)供电规划

(1)农场的生活、生产和经营用电通过增容解决。

(2)用电量估算：农场每年的常规民用电量常设人员按50千瓦·时/(人·月)计，经营用电(旅游接待)按每人次0.5千瓦·时计，农业及绿地养护每年用电量按每亩100千瓦·时计，从而估算出农场近期5～10年、中期为10～20年、长期为20～50年的年用电量。

(3)电力线布局依路(沟)立杆架线而建，建议农场内特别是休闲服务区、生活区和文体教育项目区采用地下电缆。

(十)通信电信规划

1. 电话

家庭农场按照需要可在家庭生活区配备电话；综合性生产农场可在各生产区配备电话；休闲农场可在管理经营区、休闲服务区、家庭农场区及各生活区管理站，均安装程控电话。一般每个管理区、生产经营和生活单元配置一部电话，其中部分单位可搞内部小总机。

2. 电视

规划时把所在地区的有线电视电缆敷进农场。

3. 电脑网络

农场内进行规划每个有关管理、经营和生活单元均配备电脑，并连接互联网。

（十一）设施规划

1. 生产设施

农场特别是农业观光农场的生产设施主要包括种植大棚和温室建筑两种，生产设施是农场的重要组成部分，既是农民生产不可或缺的设施，又是游客观光、采摘等活动项目的主要区域。因此，在规划设计时，应结合农场的主题及性质，设置相应的形式及规模。生产设施规划要求如下：

（1）满足生产需要。生产设施规划既要满足农业生产需要，也要满足游客的游览需要，不可片面追求经济效益而忽略观赏价值。

（2）科技含量高。生产设施规划应利用高科技，结合现代技术材料，充分体现现代农业的特点和优势。

（3）因地制宜。生产设施规划应充分考虑农场环境和农业资源特点，因地制宜进行布局，避免对环境的干扰和破坏。

2. 服务设施

服务设施主要针对休闲观光农场等综合性农场，服务设施主要包括餐厅、别墅、宾馆、购物中心等，为游客的餐饮服务、住宿休息、商品购物、娱乐休闲等活动提供舒适的场所。在规划设计时，应依据农场的性质、功能、乡村资源、游客的规模与结构，以及地形、环境等自然条件，设置相应规模、形式的服务设施。服务设施规划要求如下：

（1）应据客源确定园区发展规模，避免过度建设造成浪费。

（2）应结合农场性质及主题，完善其功能，以满足游客的不同需求。

（3）必须布局合理，既要交通便捷，又要靠近景点，同时避开农业生产区，减少对农作物的干扰。

(4)在规划设计时，一定要与景观环境相融合，并且与农场整体风格相一致。

3. 小品设施

小品设施主要包括建筑小品和环境小品。在定位和造型上都有较高的要求，应该以分散、点景的方式进行建筑布局。小品设施规划主要包括以下两点原则。

(1)小品设施规划应尊重环境，结合景点布置。小品设施设置必须充分尊重地块的自然生态环境，使各类生物得以繁衍生息，从而保持并且提高观光园的环境品质。在建设时充分尊重环境容量，将对环境的影响与破坏降到最低限度。

(2)小品设施布局应因地制宜，凸显农场特色。合理布局小品设施，充分考虑地块的农业景观资源，以及周边的游憩项目内容，布置相应的小品设施。小品设施的风格及形式必须因地制宜、融入自然，同时突出农场的特色，成为农场内的微型景点。

四、规划工作流程

以“优势挖掘、战略定位、布局优化、资源整合”为指导，按照“组建团队→前期准备→现场调研→分析研究→形成初稿座谈讨论→征求意见→专家评审→修改定稿→跟踪评价”的一整套标准化规划工作流程进行规划设计。

(一)规划准备

1. 明确规划目标

规划单位要与委托方就规划设计的目的、意图进行充分交流，尽可能地明确委托方的初步想法。

2. 组建规划团队

规划是一个多方参与的系统工程，团队成员专业结构应结合规划内容灵活搭配，成员通常涉及农业产业(种植业、养殖业)、土地资源管理、农业经济管理、农村信息化、农业政策、城乡规划、农田水利、道路交通、景观设计等。一般来说，规划团队为3～5人。

3. 规划调研与资料分析

规划调研是获取规划区域现状的一个重要步骤，可分为室内资料收集和野外实地踏勘两个部分。原始资料包括气象资料、基地地形、地质水文资料、水电等管线资料。规划调研应提前做好调研图件、调研表格、调研问题清单、需要对方提供的资料清单以及调研行程的安排工作。分析调研数据，采用SWOT分析法、AHP层次分析法等对规划区现状进行分析评价，找出规划区的优势条件、制约因素、外部机遇以及面临的挑战和威胁；采用灰色预测模型法、马尔科夫预测法、需求量预测法等方法对市场前景进行评价。

(二)规划设计

规划设计是整个规划工作的核心，主要包括总体设计、目标制订、项目设计等主要部分。

1. 总体设计

总体设计可按照产业设计、功能分区、分区设计逐步展开。产业设计是针对规划区域自然条件、农业产业的现状、市场以及发展趋势，选择适宜的主导产业、优势产业、特色产业，辅助产业、基础产业；功能分区对规划本身起到总体控制的作用，还需提出规划的总体布局方案，对单个的功能分区进行合理阐述与功能描述；在功能分区的大框架下，对单独的功能区(产业分区)进行详细的描述，阐述内容主要有分区范围、规划面积、产业规模、推荐品种、重点项目等。

2. 目标制订

规划目标的制订，重点考虑产业的经济、社会、生态三大效益，可选择多目标规划、灰色模型预测、生态环境承载等方法，确定农场项目发展规模，目标应符合实际，并尽可能数量化。

3. 项目设计

项目设置和布局是家庭农场规划的主体内容，也是整个规划工作的落脚点。项目设计以农场所在区域的主导产业为基础，通过物质技术装备，加大开发力度。项目布局要充分考虑生产发展所需要的光温水热、土壤肥力、地形坡度、土地类型、当地的种养习惯及区位优势等，可借助CAD、Photoshop、地理信息系统(ArcGIS)等软件对项目进行空间布局与规划效果展示。项目开发规模应根据市场容纳量、项目效益而定。

(三)规划优化

规划初步方案形成之后，委托方将请有关专家对规划进行评审，并提出修改意见。对规划方案进行修改，形成最终规划方案，经过政府部门审批后再实施。

(四)跟踪评价

规划完成后，在实施阶段还应对各个项目进行跟踪评价，进一步确认项目开发的可行性与客观需求的吻合度。特别是在农场发展过程中，随着社会经济、农业产业、农业科技的发展，根据实际情况对项目进行适度修正。

(五)规划文本

规划文本主要包括可行性认证报告，总体规划方案以及项目建设方案。可行性认证报告是在调查研究的基础上，结合农场示意图形成的规划文本，需要经过反复论证和分析，明确农场定位，农业产业项目设计(基础、市场、目标、内容、投资、效益等)，这是第一步。在此基础上，规划团队制订出农场总体规划方案，一般包括规划提要，现状条件分析，规划指导思想、原则和目标，功能分区与布局，重点建设项目(主体)，投资估算与效益分析，组织管理与保障措施等内容。农场建设方案主要包括功能分区布局，各功能区具体建设方案，包括图件以及具体施工方案与预算清单，具有很强的实际操作性，可以按图施工建设。

第四节　建立家庭农场的程序

一、家庭农场的认定与登记

家庭农场既能享受到国家政策，同时可以继承和发展，而且家庭农场涉及农业规划、财产、品牌建设、农场继承等一系列问题，必须进行“登记”。只有登记为家庭农场才能获得国家认可，便于认定识别、政府管理与政策支持。除此之外，尽管有了官方的定义，但是在现实操作中却并非如此，造成“家庭农场”成为了某些主体通过政策进行套利的手段。家庭农场登记注册也是保证家庭农场稳定性、政策针对性的要求。

各地省市农业部门基本上都出台了对家庭农场登记管理工作的意见。在这些意见中，对家庭农场的登记范围、名称称谓、经营场所等方面做出了说明。不少地方规定：以家庭成员为主要经营者，通过经营自己承包或租赁他人承包的农村土地、林地、山地、水域等，从事适度规模化、集约化、商品化农业生产经营的，均可依法登记为家庭农场。这里面所指的家庭，有很多的界定，也出现了许多观点：一种是以传统的家庭为基础，即子女分家后就算一个家庭；也有人建议，以大家庭为基本单元；还有的提出，家庭成员占经营人员的比例至少80%，也可以聘请临时工或长期工；另外一部分人认为，家庭农场主不应局限于农村户口。笔者认为，在尊重农民意愿前提下，家庭的含义可以扩大到祖辈、父辈、儿孙辈甚至其他亲属。在现阶段，家庭农场业主以农村户籍为宜。城市人员、工商资本可以进入农业领域，但目前不宜纳入政策所指向的家庭农场范畴。

国家规定，乡(镇)政府负责对辖区内成立专业农场的申报材料进行初审，初审合格后报县(市)农经部门复审。经复审通过的，报县(市)农业行政管理部门批准后，由县(市)农经部门认定其专业农场资格，作出批复，并推荐到县(市)工商行政管理部门注册登记。

家庭农场登记需要的申报材料。

(1)专业农场申报人身份证明原件及复印件；

(2)专业农场认定申请及审批意见表；

(3)土地承包合同或经鉴证后土地流转合同及公示材料(土地承包流转等情况)；

(4)专业农场成员出资清单；

(5)专业农场发展规划或章程；

(6)其他需要出具的证明材料。

一般有如下材料：第一，土地流转以双方自愿为原则，并依法签订土地流转合同；第二，土地经营规模，比如水田、蔬菜和经济作物经营面积30公顷以上，其他大田作物经营面积50公顷以上，土地经营相对集中连片；第三，土地流转时间，10年以上(包括10年)；第四，投入规模，投资总额(土地流转费、农机具投入等)要达到50万元以上；第五，有符合创办专业农场发展的规划或章程。

二、家庭农场的注册

在全国约 87.7 万户家庭农场中，已被有关部门认定或注册的还比较少。目前，已经认定或者注册的家庭农场共有 3.32 万户，其中农业部门认定 1.79 万户，工商部门注册 1.53 万户。同时，家庭农场可申请登记为个体工商户、个人独资企业，符合法律法规规定条件的，也可以申请登记为合伙企业或有限责任公司。

在相当长时间内，各地对于是否需要工商注册看法不一，很多有志于发展家庭农场的农户也比较迷茫。家庭农场是一个产业组织主体，并非是工商注册的组织类型。国家农业部意见明确提出，依照自愿原则，家庭农场可自主决定办理工商注册登记，以取得相应市场主体资格。

家庭农场是一个自然而然发育的经济组织。许多现实中存在的较大规模的经营农户其实就是家庭农场，但不一定非要到工商部门注册，注册的形式可以多样化。由于家庭农场不是独立的法人组织类型，在实践中有的登记为个体工商户，有的登记为个人独资企业，还有的登记为有限责任公司。农业部提出探索建立家庭农场管理服务制度。县级农业部门要建立家庭农场档案，县以上农业部门可从当地实际出发，明确家庭农场认定标准，对经营者资格、劳动力结构、收入构成、经营规模、管理水平等提出相应要求。依照自愿原则，家庭农场可自主决定办理工商注册登记，以取得相应市场主体资格。

在东南沿海经济发达地区，家庭农场从事农产品的附加值比较高，特别是发展外向型农业的家庭农场，出于经营方面提高公信力和竞争力的需要，因而有动力去工商部门注册登记。在我国，家庭农场作为新生事物，还处在发展的起步阶段。当前主要是鼓励发展、支持发展，并在实践中不断探索、逐步规范。不断发展起来的家庭农场与专业大户、农民合作社、农业产业化经营组织等多种经营主体，都有各自的适应性和发展空间，发展家庭农场不排斥其他农业经营形式和经营主体，不只追求一种模式、一个标准。家庭农场发展是一个渐进过程，要靠农民自主选择，防止脱离当地实际、违背农民意愿、片面追求超大规模经营的倾向，人为归大堆、垒大户。例如，山西省暂行意见明确提出，由各级农经部门负责本行政区域内家庭农场的认定工作。

家庭农场经营者应当是依法享有农村土地承包经营权的农户，以家庭承包和流转土地为主要经营载体。特别提出家庭农场要以家庭成员为主要劳动力，常年雇工数量不超过家庭务农人员数量，农业净收入占家庭农场总收益的比例要达到80%。同时，还提出其领头人应接受过农业技能培训，其经营活动有比较完整的财务收支记录，并对其他农户开展农业生产有示范带动作用。

家庭农场主向乡镇农经部门申报并提交以下材料：

(1)《家庭农场申报表》；

(2)家庭农场主户口本原件及3份复印件；

(3)土地承包、流转合同书原件及3份复印件。

乡镇农经部门收到申报人提交的申报材料后，对申报材料齐全、符合认定标准的，在5个工作日内签署意见并附相关材料上报县(市、区)农经部门；对于申报材料不全或不符合认定标准的，向申报人说明情况。县(市、区)农经部门对上报材料进行核实，对符合认定标准的，予以认定。

尤为值得一提的是，山西省规定，山西各级农经部门将对家庭农场实行动态管理。省级农经部门每年底发布全省家庭农场名录，进入名录者可享受国家各项扶持政策。家庭农场还需要每3年进行一次资格审核，不符合标准的将予以注销。

【经典案例】

河南省孟津县农民获准开办河南省首个家庭农场字号

2014年2月28日，河南省孟津县农民陆利峰在孟津县工商局拿到了“洛阳河之南家庭农场”个人独资企业营业执照。孟津县会盟镇台荫村的陆利峰很注重利用高科技种田，他的责任田产量高，是村里的“种田好手”。

2013年年初，陆利峰听说中央出台“一号”文件，支持普通农民承包大片土地，进行大规模经营，开办家庭农场。“光是原先的那点儿责任田，种得再好收入也多不到哪儿去。如果能够承包一大片土地，按照自己理念去规划，肯定行！”陆利峰把这个想法告诉了在县城做生意的姐夫。

恰好，他的姐夫得知孟津县政府为鼓励发展家庭农场等新型农村市场主体，专门提出了“特色农业行动计划”，便鼓勘陆利峰开办家庭农场，建议其在大规模发展传统农业的同时，做休闲旅游项目。

最终，陆利峰和台荫村村委会签订租赁协议，承包了紧临孟津万亩荷塘的500亩黄河滩地，并向孟津县工商局申请办理营业执照。

孟津县工商局注册科负责人李军伟说，由于从未办过此类营业执照，2月20日，他们接到陆利峰的申请时还犯了难。“我们赶紧向市工商局汇报，市工商局也没办过，只有向省工商局汇报。”之后才得知，陆利峰是全省首个向工商部门申请注册登记家庭农场的人。

经过紧张协商，孟津县工商局在2月26日出台了《孟津县工商局关于扶持家庭农场等新型农村市场主体发展方案》（以下简称《方案》），在推进“合同帮农”、强化“商标富农”、创新“红盾护农”等方面，为家庭农场等新型农村市场主体的发展制定了一系列的优惠政策。

2月28日，孟津县工商局通过了对陆利峰申请的审核，为其办理了“洛阳河之南家庭农场”个人独资企业营业执照。

（资料来源：记者申利超，特约记者郑占波，通讯员赵梅香. 洛阳网—洛阳晚报，2013—03—04）

三、注册登记

针对部分地方曾出现的家庭农场登记注册名称混乱现象，根据《意见》要求，申请注册登记的家庭农场名称必须有统一规范。例如，申请登记为个体工商户类型的家庭农场，依据《个体工商户条例》及相关规定办理登记，个体工商户家庭农场名称统一规范为“行政区划＋字号＋家庭农场”；申请登记为有限责任公司类型的家庭农场，依据《公司法》及相关规定办理登记，公司制家庭农场名称统一规范为“行政区划＋字号＋家庭农场＋有限(责任)公司组织形式”或“行政区划＋字号＋行业＋家庭农场＋有限(责任)公司组织形式”；也可以申请登记为个人独资企业或者合伙企业。

申请注册登记的家庭农场名称必须有统一规范。家庭农场与一些养殖、种植大户不同，家庭农场有营业执照，可通过开展经营活动，提高自身知名度，随后通过申请注册商标的方式，形成自有品牌。家庭农场在申请注册商标后，其品牌效应会随着品牌知名度提升而不断增强。

我国幅员辽阔，地貌、气候、土壤类型及其组合方式复杂多样，农产品品种丰富，许多产品品质独特，具有丰富的地理标识资源和建立农产品品牌的天然条件。家庭农场的名号可以采取当地有名的山川河流、家庭农场的经营者、特色种植养殖加工等方法命名。

模块四　家庭农场的项目建设

第一节　家庭农场项目概述

家庭农场的发展与成长，离不开家庭农场成员自身的拼搏和努力，但自身力量毕竟有限，如果能获得国家农业资金的支持，就能更有效地为家庭农场注入动力，增强活力。因此，家庭农场对项目及项目建设应该有必要的了解，并有针对性地争取。

项目一般指同一性质的投资或同一部门内一系列有关或相同的投资，或不同部门内一系列投资。具体项目是指按照计划进行的一系列活动，这些活动相互之间是有联系的，并且彼此间协调配合，其目的是在不超过预算的前提下，在一定的期限内达成某些特定的目标。

而农业项目，泛指农业方面分成各种不同门类的事物或事情，包括物化技术活动、非物化技术活动、社会调查、服务性活动等。在农村、农业、农民的实际工作中，拥有数以万计的各种类型、内容不同、形式多样、时限有长有短的农业项目，包括每年新上的项目、延续实施的项目和需要结题的项目等。

一、项目分类

农业方面的项目依据其性质区分：一般有两大类，一类是生产项目，另一类是农业科技推广项目。

（一）农业生产项目

农业生产项目，主要是指在农、林、水、气等部门中，为扩大农业方面长久性的生产规模，提高其生产能力和生产水平，能形成新的固定资产的经济活动。

（二）农业科技推广项目

农业科技推广项目，主要是指国家、各级政府、部门或有关团体、组织机构或科技人员，为使农业科技成果和先进实用技术尽快应用于农业生产，保障农业的发展，加快农业现代化进程，并体现农业生产的经济效益、社会效益和生态效益而组织的某一项具体活动。

二、项目选择

家庭农场应根据自身条件、定位，宜选择国家政策扶持的项目。

（一）项目选择依据

(1)市场需要。在农业生产经营和技术推广过程中，有时生产经营能力不能适应发展的需要，其生产的农产品并非市场所急需、或某类农产品有供过于求、或农产品附加值太低的问题，因此需要充分考察国内外市场的需求状况，确定目标市场，并对目标市场进行细分，进而实施不同的农业项目，达到增产增收或其他推广目标。

(2)社会发展的需要。从广义上讲，社会发展就是社会进步。从狭义上讲，社会发展是从传统社会向现代社会的变迁过程。单纯的经济增长不等于社会发展，它包括经济发展、社会结构、人口、生活、社会秩序、环境保护、社会参与等若干方面的协调发展。最主要的是人的发展，现代科技的普及等。

因此，在农业生产经营和技术推广活动中必须有计划、分步骤地开展各种各样的项目实施工作，即以不同的域目有计划、有目的地提高生产经营能力，对新成果进行传播和应用，实现提高农业生产水平。

（二）农业生产项目

1. 现代农业生产发展资金项目

现代农业生产发展资金主要用于支持各地稳定发展粮油战略产业，加快发展蔬菜等十大农业主导产业，促进粮食等主要农产品有效供给和农民持续增收。现代农业生产发展资金的支持对象为：农民专业合作社、家庭农场、专业种养大户，与农民建立紧密利益联结机制，直接带动农民增收的农业龙头企业等现代农业生产经营主体，开展农业科技推广应用的机构以及粮食生产功能区建设主体。优先支持对推进村级集体经济发展壮大有较大作用的主体。现代农业生产发展资金主要支持以下关键环节。

(1)基础设施建设。项目区土地平整、土壤改良，主干道、作业道、蓄水灌溉、田间水利，滴喷灌设施、大棚温室、育苗设施，高标准鱼塘改造、浅海养殖设施、新型网箱、水处理设施，标准化养殖畜禽舍，养殖专用生产设施及防疫设施，“两区”生产配套服务设施等基础设施建设。

(2)设备购置。农(林、渔)业机械，质量安全检测检验仪器设备，农产品产地加工、储藏、保鲜、冷藏等设备购置。

(3)技术推广。良种引进推广、繁育，品种优化改良，先进实用技术和生态循环农业发展模式推广应用与技术培训和示范。

现代农业生产发展资金在加大对种子种苗、科技推广、机械化、产业化与合作经营机制培育、基础设施建设等扶持力度的同时，根据不同产业，重点支持以下具体内容。

(1)粮油产业(主要包括水稻、小麦、玉米、油菜、木本油料等产业)：重点支持基础设施、土壤改良和“三新”技术推广示范、粮食生产高产创建等。

(2)蔬菜产业。重点支持“微蓄微灌”和大棚设施建设等。

(3)茶叶产业。重点支持标准茶园建设和初制茶厂优化改造等。

(4)果品产业(主要包括柑橘、杨梅、梨、桃、葡萄、枇杷、李子、蓝莓等产业)。重点支持精品果品基地建设和产后处理等。

(5)畜牧产业(主要包括猪、牛、羊、禽类等产业)。重点支持标准化生态循环养殖小区建设和良种引进等。

(6)水产养殖产业(主要包括鱼类、虾蟹类、龟鳖类、珍珠、海水贝藻类等产业)。重点支持高标准鱼塘、新型网箱、节能温室、浅海养殖等基础设施建设和设备购置，以及稻田养鱼、水产健康养殖示范基地、水产品新品种新技术推广等。

(7)竹木产业。重点支持林区道路等基础设施建设和竹木高效集约经营利用项目等。

(8)花卉苗木产业。重点支持大棚等设施设备和产品推广等。

(9)蚕桑产业。重点支持蚕桑优化改造和种养加工设施等。

(10)食用菌产业。重点支持集约化生产基地和循环生产模式等。

(11)中药材产业。重点支持药材规范化基地建设和产地加工等。

2. 财政农业专项资金项目

财政农业专项资金项目是为进一步推进粮食生产功能区、现代农业园区和基层农业公共服务中心建设，保障农业现代化行动计划顺利实施而设立的，通过强化资金集聚和项目带动，推动农业生产规模化、产品标准化、经济生态化。支持对象为规范化农民专业合作社、家庭农场、专业大户、国有农场、村经济合作社、与农民建立紧密利益联结机制的农业龙头企业等生产经营主体，以及开展农技推广应用的推广机构。

（三）农业科技推广项目

1. 星火计划

星火计划是依靠科技进步、振兴农村经济，普及科学技术、带动农民致富的指导性科技计划，是国民经济和社会发展计划及科技发展计划的一个重要组成部分。

星火计划的宗旨：坚持面向农业、农村和农民；坚持依靠技术创新和体制创新，促进农业和农村经济结构的战略性调整和农民增收致富；推动农业产业化、农村城镇化和农民知识化，加速农村小康建设和农业现代化进程。

星火计划的主要任务：以推动农村产业结构调整、增加农民收入，全面促进农村经济持续健康发展为目标，加强农村先进适用技术的推广，加速科技成果转化，大力普及科学知识，营造有利于农村科技发展的良好环境。围绕农副产品加工、农村资源综合利用和农村特色产业等领域，集成配套并推广一批先进适用技术，大幅度提高农村生产力水平。

2. 农业科技成果转化资金项目

农业科技成果转化资金项目是指由科技部门和财政部门共同实施、农业部门负责监理的项目，支持对象主要为农业科技型企业。转化资金根据农业科技成果转化地域性强、周期长、风险大的特点，支持有望达到批量生产和应用前景的农业新品种、新技术和新产品的区域试验与示范、中间试验或生产性试验，为农业生产大面积应用和工业化生产提供成熟配套的技术。支持重点是，动植物新品种(或品系)及良种选育、繁育技术成果转化；农副产品储藏加工及增值技术成果转化；集约化、规模化种养殖技术成果转化；农业环境保护、防沙治沙、水土保持技术成果转化；农业资源高效利用技术成果转化；现代农业装备与技术成果转化。

3. 科技发展计划

科技发展计划是政府直接参与，实现科技和经济发展目标的有力手段；是政府通过资金运用和政策调控，开发先进适用的农业科学技术，并把这些技术引向农村，引导亿万农民依靠科技发展农村经济，促进农村劳动者整体素质的提高，推动农业和农村经济持续、快速、健康发展。

第二节　家庭农场项目的申报与管理

一、家庭农场项目的申报

（一）申报前的准备

项目主管部门在发布项目指南后，相关农业企业(包括家庭农场)对照指南要求，开始前期准备工作，填写项目申请书，并进行可行性分析研究和论证评估。提交项目申请书后，有的项目还应按照要求准备答辩。为了提高项目申报的成功率，申报单位对所申报的项目，应集思广益，聘请有关专家，参照有关规定和指南进行认真的论证，并积极修改项目申报的相关材料。申报前的论证，关系申报的成败，必须积极、认真，坚持实事求是。

（二）明确项目承担单位条件

农业项目需要具体的承担单位来执行并完成，项目承担单位的条件如下：

(1)领导重视。承担单位领导需对项目的实施非常重视，愿意承担项目的实施工作。

(2)有较完善的组织机构。承担单位必须是农业经营主体，内部管理机构完善，分工明确，人员配备完整。

(3)有较强的技术力量和必要的仪器设备。承担单位的技术依托单位技术力量较强，技术人员有与项目相关的专业知识，技术水平较高，有承担项目实施的经验。同时，有与项目实施要求相适应的仪器设备，能完成项目的实施任务。

(4)有一定的经济实力。农业项目的实施，除项目下达单位拨付一定经费外，往往还需要承担单位配套相应的经费。因此，承担单位必须有一定的经济实力，才能完成项目实施任务。

(5)有较强的协调能力。有的项目一个单位完成有一定的困难，需要其他相关单位配合才能完成。因此，在有多个单位一起参与的情况下，主持(承担)单位必须具有较强的协调能力，指挥协作单位共同完成项目任务。

(三)明确项目承担单位和申请人的职责

项目主持人(负责人)一般应由办事公正、组织协调能力较强、专业技术水平较高的行家担任。项目主持单位和项目主持人(负责人)，能牵头做好以下工作。

(1)编写《项目可行性研究报告》，并根据专家论证意见修改、补充，形成正式文本。

(2)搞好项目组织实施、组织项目交流、检查项目执行情况。每年年底前将上一年度项目执行情况报告、统计报表及下一年度计划，报项目组织部门审查。

(3)汇总项目年度经费的预决算。

(4)负责做好项目验收的材料准备工作。

(5)传达上级主管部门有关项目管理的精神，反映项目实施过程中存在的问题，提出相应的解决意见，报项目组织部门审核。

（四）项目申报材料的一般格式

(1)农业生产项目的申报材料一般有项目可行性研究报告和财政申报文本两种。

第一，农业项目可行性研究报告的一般格式和要求。

域目摘要：项目内容的摘要性说明，包括项目名称、建设单位、建设地点、建设年限、建设规模与产品方案、投资估算、运行费用与效益分析等。

项目建设的必要性和可行性。

市场(产品)供求分析及预测，主要包括本项目区本行业(或主导产品)发展现状与前景分析、现有生产能力调查与分析、市场需求调查与预测等。

项目承担单位的基本情况，包括人员状况，固定资产状况，现有建筑设施与配套仪器设备状况，专业技术水平和区域示范带动能力等。

项目地点选择分析。项目建设地点选址要直观准确，要落实具体地块位置并对与项目建设内容相关的基础状况、建设条件加以描述，不可以项目所在区域代替项目建设地点。具体内容包括项目具体地址位置(要有平面图)、域目占地范围、项目资源及公用设施情况，地点比较选择等。

生产工艺技术方案分析，主要包括项目技术来源及技术水平、主要技术工艺流程、主要设备选型方案比较等。

项目建设目标：包括项目建成后要达到的生产能力目标，任务、总体布局及总体规模。

项目建设内容：项目建设内容主要包括土建工程、田间工程(指农牧结合的)、配套仪器设备等。要逐项详细列明各项建设内容及相应规模。土建工程：详细说明土建工程名称、规模及数量、单位、建筑结构及造价。建设内容、规模及建设标准应与项目建设属性与功能相匹配，属于分期建设及有特殊原因的，应加以说明。水、暖、电等公用工程和场区工程要有工程量和造价说明。田间工程：建设地点相关工程现状应加以详细描述，在此基础上，说明新(续)建工程名称、规模及数量、单位、工程做法、造价估算。配套仪器设备：说明规格型号、数量及单位、价格、来源。对于单台(套)估价高于5万元的仪器设备，应说明购置原因及理由和用途。对于技术含量较高的仪器设备，需说明是否具备使用能力和条件。配套农机具：说明规格型号、数量及单位、价格、来源及适用范围。大型农机具，应说明购置原因及理由和用途。

投资估算和资金筹措。依据建设内容及有关建设标准或规范，分类详细估算项目固定资产投资并汇总，明确投资筹措方案。

建设期限和实施的进度安排。根据确定的建设工期和勘察设计、仪器设备采购、工程施工、安装、试运行所需时间与进度要求，选择整个工程项目最佳实施计划方案和进度。

土地、规划、环保和消防。需征地的建设项目，项目可行性研究报告中必须附国土资源部门核发的建设用地证明或项目用地预审意见。需要办理建设规划报建以及环评和消防审批的，附规划部门以及环保、消防部门意见。

项目组织管理与运行，主要包括项目建设期组织管理机构与职能，项目建成后组织管理机构与职能、运行管理模式与运行机制、人员配置等；同时要对运行费用进行分析，估算项目建成后维持项目正常运行的成本费用，并提出解决所需费用的合理方式。

效益分析与风险评价。对项目建成后的经济与社会效益测算与分析。特别是对项目建成后的新增固定资产和开发、生产能力，以及经济效益、社会效益等进行量化分析。

有关证明材料。各种附件、附表、附图及有关证明材料应真实、齐全。

第二，农业财政资金项目申报标准文本的一般格式和要求。

农业财政资金项目申报标准文本为表格式文本，按其具体要求逐一填写。主要有以下内容：

基本信息：包括项目名称、资金类别、项目属性、总投资、其中申请财政补助、项目单位名称等。

项目可行性研究报告摘要：包括项目与项目单位概况（项目基本情况：立项背景、建设目标等；项目单位情况：近两年财务状况、技术条件和管理方式等）、投资必要性分析（是否符合产业政策、行业和地区发展规划；资源优势及其与当地主导产业关系；促进当地经济发展和农民增收作用）、市场分析（项目主要产品种类、生产和销售情况；主要产品的市场供需状况及发展趋势；主要产品的市场定位与竞争力）、生产、建设条件分析（项目所在地自然资源条件、社会经济条件；交通、水、电、通信等基础设施与配套设施）、建设方案（项目实施地点、范围和实施计划；建设内容和技术方案；项目运作机制和组织落实）、财政补助资金支持环节、投资估算与资金筹措、主要财务指标、社会效益分析、示范带动作用、促进农民增收、公共服务覆盖范围、生态环境影响、结论。

项目评审论证表和申报项目审核表。

(2)农业科技推广项目的申报材料一般包括项目申请表、项目可行性报告、承诺书及有关附件材料等。

项目可行性报告的一般格式和要求如下：

项目概况，国内外同类研究情况（包括技术水平）；技术（产品）市场需求、经济、社会、生态效益分析；项目主要研究开发内容、技术关键；预期目标（要达到的主要技术经济指标，自主知识产权申请拥有设想）；项目现有技术基础和条件（包括原有基础、知识产权情况、技术力量的投入、科研手段等）；实施方案（包括技术路线、进度安排）；项目预算（包括经费来源及用途）；申请单位概况（包括企业规模、技术力量、设备和配套情况、企业资产及负债情况）；项目负责人及主要参加人员简历等。

（五）项目的立项程序

申报农业项目，首先要由承担单位，主要是农村家庭农场等经济实体，根据项目申报指南要求，选择符合自身实际要求的项目，填报申请表及项目可行性报告，分别通过网上和书面两条途径向项目主管部门申报。项目主管部门接到申报材料后，将组织相关专家进行综合评价，有的还要进行实地考察，有的项目初评结果还将在网上进行公示，公示期限内无异议的正式立项，并签订项目合同或下达项目计划任务书。

二、项目管理

（一）项目管理的概述

项目管理就是应用系统的方法，对项目的拟定立项、实施执行、成果评价、申报归档等各个阶段工作的实践活动、联结与配合进行有效的协调、控制与规范行为，以达到预期目标的活动过程。

项目管理与管理的性质一样，具有二重性，即自然属性和社会属性。

管理的自然属性，表明了凡是社会化大生产、产业化、规模化的劳动过程，都需要管理，管理的这种自然属性主要取决于生产力发展水平和劳动社会化程度，而不取决于生产管理的性质；管理的社会属性表明了一定生产关系下管理的实质，这种社会属性，随着生产关系的变化而变化，因而它是管理的特殊属性。例如，农业项目的管理对象，是参加项目实施的广大科技人员及农业劳动者，他们是项目的主人，项目的实施过程是他们直接参与的过程，也是项目决策的参与者，通过各种方法，如经济方法、行政方法、法律方法，充分地调动他们直接参与的积极性、主动性和能动性，自觉地规范行为，实现项目的预定目标。

（二）项目管理的内容

(1)项目申报立项管理。主要是项目组织单位的管理工作，其具体内容包括下达项目的编写大纲或申报指南，接受申报，组织专家对申报项目进行可行性研究，做出决策，否定或批准立项，下达项目计划并执行。

(2)项目实施管理。具体的内容包括层层签订合同，对实施方案与计划执行管理、对实施单位的人、财、物管理，检查、反馈与调整等，这一阶段的管理工作包括高层管理、中层管理和基层管理的交叉，需要互通信息、密切配合、协调共进，保证项目的顺利实施。

(3)项目验收与鉴定管理。其具体内容包括资料整理、总结工作的管理，对经项目承担单位申请、项目组织单位组织项目验收与鉴定工作的管理，对农业科技推广项目成果报奖及材料归档的管理工作等。

（三）项目管理的方法

(1)分级管理。项目组织部门根据各自的情况制订各自的项目计划，这些项目，一般按下达的级别进行管理。省、市、县级项目组织部门分别管理跨市、跨县、跨乡的项目。承担上级的项目，执行中的修正方案要报上级管理部门批准；项目结束后，档案材料正本要交上级管理部门，自己只留副本。

(2)分类管理。在各级部门管理的项目中，一般分为农、林、牧、渔项目，隶属各部门管理，部门内再按专业划分，以便于按照各专业的特点，采取不同的管理办法组织实施。

(3)封闭式管理。每个农业项目的管理，从目标制订，下达部署，组织执行，反馈修改方案，直至实现目标，必须形成一个封闭的反馈回路，称为封闭式管理。项目管理中如果有头无尾或只有方案没有反馈，不按照项目程序进行，就很难达到预定目标。

(4)合同管理。项目计划下达后，项目下达部门可与下级部门逐级签订合同书，将项目实施目标，技术经济指标，完成时间，需要的经费、物资，考核验收办法，奖惩办法等写入合同，经各方签字后生效。

第三节 投资估算

实施投资估算，可以合理挖掘现有资源潜力，选出最佳预算方案，减少决策盲目性和降低风险。加强财务管理，把预算作为控制各项业务和考核绩效的依据，以此协调各部门、各环节的业务活动，减少或消除可能出现的矛盾，使农场经营保持最大限度的平衡。以某一休闲家庭农场的投资估算为例。

一、投资估算依据

国家、省和当地政府有关文件，并结合项目实际情况进行估算。

二、项目建设投资估算

1. 项目固定资产投资

建筑工程费、设备购置费、其他工程费、工程预备费、建设单位管理费、工程勘察设计费、工程监理费、临时施工费(见表 4-1 和表 4-2)。

2. 流动资金估算

流动资金估算按详细估算法计算，如表 4-3 所示。

3. 项目总投资

项目估算总投资，包括固定资产、有形资产、无形资产、递延资产、预备费用以及流动资金。

表 4-1　投资估算表(一)

(单位：万元)

序号	项目名称	工程费用	设备费用	安装费用	其他费用	合计	工程指标			备注
							单位	数量	造价	
	第一部分									
1	租地费用						亩			
2	餐饮区						栋			
3	果园						亩			
4	温室大棚						间			
5	人行步道						M			
6	石砌挡墙						M			
7	排灌渠						M			
8	木屋别墅						栋			
9	多功能馆						m^2			X层
10	员工宿舍						栋			X层
11	景观品茗						座			
12	公共厕所						座			
13	垂钓区						亩			
14	棋茶艺社						栋			X层
15	停车场						个			
16	果农场						亩			
17	植树						株			
18	水井						座			
19	供电通信									
20	路灯亮化									
21	苗木									
22	草坪									
	总计									

表 4-2　投资估算表(二)

(单位：万元)

序号	项目名称	工程费用	设备费用	安装费用	其他费用	合计	工程指标			备注
							单位	数量	造价	
	第二部分									
1	建设单位管理费用									
2	工程勘察设计费用									
3	监理费用									
4	临时施工									
5	办公生活家具购置									
	合计									
	预备费用									
	总计									

表 4-3　流动资金估算表

(单位：万元)

项目	合计	第 1 周年	第 2 周年	第 3 周年	第 4 周年	第 5 周年	第 6 周年	第 7 周年	第 8 周年	第 9 周年	第 10 周年
流动资产											
应收账款											
存货											
现金											
流动负债											
应付账款											
流动资金											
流动资金本年增加											

三、流动资金详细估算法

流动资金的显著特点是在生产过程中不断周转，其周转额的大小与生产规模及周转速度直接相关。详细计算法是根据周转额与周转速度之间的关系，对构成流动资金的各项流动资产和流动负债分别进行估算。计算公式为：

流动资金＝流动资产＋流动负债

流动资产＝应收账款＋存货＋现金

流动负债＝应付账款

流动资金本年增加额＝本年流动资金－上年流动资金

估算的具体步骤，首先计算各类流动资产和流动负债的年周转次数，然后再分项估算占用资金额。

1. 周转次数计算

周转次数是指流动资金的各个构成项目在一年内完成多少个生产过程。

周转次数＝360＋最低周转天数

存货、现金、应收账款和应付账款的最低周转天数，可参照同类企业的平均周转次数并结合项目特点确定。又因为：

周转次数＝周转额÷各项流动资金平均占用额

如果周转次数已知，则：

各项流动资金平均占用额＝周转额＋周转次数

2. 应收账款估算

应收账款是指企业对外赊销商品、提供劳务而占用的资金。应收账款的周转额应为全年赊销销售收入。在可行性研究时，用销售收入代替赊销收入。计算公式为：

应收账款＝年销售收入÷应收账款周转次数

3. 存货估算

存货是企业为销售或生产耗用而储备的各种物资，主要有原材料、辅助材料、燃料、低值易耗品、维修备件、包装物、在产品、自制半成品和产成品等。

为简化计算，仅考虑外购原材料、外购燃料、在产品和产成品，并分项进行计算。计算公式为：

存货＝外购原材料＋外购燃料＋在产品＋产成品

外购原材料占用资金＝年外购原材料总成本÷原材料周转次数

外购燃料＝年外购燃料÷按种类分项周转次数

在产品＝(年外购材料、燃料＋年工资及福利费＋年修理费＋年其他制造费)÷在成品周转次数

产成品＝年经营成本÷产成品周转次数

4. 现金需要量估算

项目流动资金中的现金是指货币资金，即企业生产运营活动中停留于货币形态的那部分资金，包括企业库存现金和银行存款。计算公式为：

现金需要量＝(年工资及福利费＋年其他费用)÷现金周转次数

年其他费用＝制造费用＋管理费用＋销售费用－(以上各项费用中所含的工资及福利费、折旧费、维修费、摊销费、修理费)

5. 流动负债估算

流动负债是指在一年或超过一年的一个营业周期内，需要偿还的各种债务。

在可行性研究中，流动负债的估算只考虑应付账款一项。计算公式为：

应付账款＝(年外购原材料＋年外购燃料)÷应付账款周转

次数

根据流动资金各项估算结果，编制流动资金估算表。

第四节　财务评价

财务评价是根据财务估算提供的报表和数据，编制基本财务表，分析计算投资项目整个生命周期发生的财务效益和费用，计算评价指标，考察项目财务状况，判断项目的财务可行性。财务评价是投资项目的财务分析核心，也是决定项目投资与否的重要决策依据。主要包括收集和估算财务数据、编制财务基本报表、进行财务评价、进行不确定性分析等四个步骤。以某一家庭农场为例予以说明。

一、评价依据

国家现行的财会税务制度，对项目进行财务评价。

二、基本数据计算与表格

1. 计算期的确定

项目建设期为 x 年，项目计算期拟定为 y 年，其中第 1～x年为建设期，第(x+1)年开始产生营业收入。

2. 营业收入、营业税金及附加估算

项目营业收入来源为旅游门票收入、(绿色)产品销售收入及相关旅游服务等方面的收入，如表 4-4 所示。

表 4-4　营业收入、营业收入税金及附加估算表

（单位：元）

项　目	1	2	3	4	5	6	7	8	9	10
营业收入合计										
税金附加合计										
游客量(万人)										
收入(元/人)										
营业收入										
产品销售										
税率										
营业税金附加										
营业税										

3. 总成本费用估算

(1)工资及福利。该项目费用按职工总数乘以年工资及福利费指标，工资乘以养老保险、失业保险、医疗保险和住房基金指标，两项合并计算构成。

(2)折旧及摊销。折旧与摊销采用平均年限法，固定资产建筑物折旧按年限 25 年，机械设备折旧年限 13 年，无形资产递延、资产摊销按 10 年计算，如表 4-5 所示。

表 4-5 固定资产折旧、无形资产递延、资产摊销估算表

项目	折旧年限	1	2	3	4	5	6	7	8	9	10
建筑工程	25										
原值											
折旧费											
净值											
设备	13										
原值											
折旧费											
净值											
其他资产	10										
原值											
折旧费											
净值											
无形，延递	10										
原值											
摊销费											
净值											
固定资产合计											
折旧费											
净值											

(3)修理及道路维护费。该项费用的计算方法按占固定资产原值的比率和道路维护费用计算。

(4)其他管理费用。其他管理费用为农场日常管理所发生的办公费、差旅费、日常维护、旅游宣传等相关费用。总成本与其他费用估算，如表 4-6 所示。

表 4-6　成本与费用估算表

（单位：万元）

项目	合计	1	2	3	4	5	6	7	8	9	10
工资											
修理及维护											
折旧摊销费											
利息											
其他费用											
总成本费用											
固定成本											
可变成本											
经营成本											

4. 利润估算及分配

利润总额＝营业收入－总成本－营业税金及附加

依据现行财税制度，项目缴纳企业所得税，税率为 $x\%$：

企业所得税＝应纳税所得额×税率

税后利润＝利润总额－企业所得税

利润估算及分配损益如表 4-7 所示。

表 4-7 利润估算及分配损益表

（单位：万元）

项目	合计	1	2	3	4	5	6	7	8	9	10
营业收入											
营业税、附加费用											
总成本费用											
利润总额											
所得税											
税后利润											
盈余公积金											
公益金											
未分配利润											

5. 财务盈利能力分析

反映企业盈利能力的指标主要有销售毛利率、销售净利率、成本利润率、总资产报酬率、净资产收益率、资本保值增值率和财务内部收益率等。

(1)销售毛利率。销售毛利率是销售毛利与销售收入之比，其计算公式为：

销售毛利率＝销售毛利÷销售收入×100％

其中，

销售毛利＝主营业务收入（销售收入）－主营业务成本（销售成本）

(2)销售净利率。销售净利率是净利润与销售收入之比，其计算公式为：

销售净利率＝净利润÷销售收入×100％

(3)成本利润率。成本利润率是反映盈利能力的另一个重要指标，是利润与成本之比。成本有多种形式，但这里成本主要指经营成本，其计算公式为：

经营成本利润率＝主营业务利润÷经营成本×100％

其中，

经营成本＝主营业务成本＋主营业务税金及附加

(4)总资产报酬率。总资产报酬率是企业息税前利润与企业资产平均总额的比率。由于资产总额等于债权人权益和所有者权益的总额，所以该比率既可以衡量企业资产综合利用的效果，又可以反映企业利用债权人及所有者提供资本的盈利能力和增值能力。其计算公式为：

总资产报酬率＝息税前利润/资产平均总额＝(净利润＋所得税＋利息费用)÷[(期初资产＋期末资产)÷2]×100％

该指标越高，表明资产利用效率越高，说明企业在增加收入、节约资金使用等方面取得了良好的效果；该指标越低，说明企业资产利用效率低，应分析差异原因，提高销售利润率，加速资金周转，提高企业经营管理水平。

(5)净资产收益率。净资产收益率又叫自有资金利润率或权益报酬率，是净利润与平均所有者权益的比值，它反映企业自有资金的投资收益水平。其计算公式为：

净资产收益率＝净利润÷平均所有者权益×100％

该指标既是企业盈利能力指标的核心，也是杜邦财务指标体系的核心，更是投资者关注的重点。

(6)资本保值增值率。资本保值增值率是指所有者权益的期末总额与期初总额之比。其计算公式为：

资本保值增值率＝期末所有者权益÷期初所有者权益×100％

如果企业盈利能力提高，利润增加，必然会使期末所有者权益大于期初所有者权益，所以该指标也是衡量企业盈利能力的重要指标。当然，这一指标的高低，除了受企业经营成果的影响外，还受企业利润分配政策的影响。

(7)财务内部收益率。财务内部收益率是反映项目在计算期内投资盈利能力的动态评价指标，它是项目计算期内各年净现金流量现值等于零时的折现率。

6. 投资回收期计算

投资回收期是以项目税前净收益抵偿全部投资所需的时间，可根据财务现金流量表(全部投资所得税前)累计净现金流量栏中的数字计算求得，计算公式为：

投资回收期＝(累计净现金流量开始出现正值年份数－1)＋(上年累计净现金流量绝对值÷当年净现金流量)

全投资现金流量如表4-8所示。

表4-8 全投资现金流量表

(单位：万元)

项目	合计	1	2	3	4	5	6	7	8	9	10
现金注入											
营业收入											
回收固定资产余值											
回收流动资金											
现金流出											
建设投资											
流动资金											
经营成本											
营业税金及附加											
所得税											
净现金流量											
累计净现金流量											
税前净现金流量											
累计税前净现金流量											

7. 不确定分析

(1)盈亏平衡分析。以营业收入水平比表示的其计算公式为：

盈亏平衡点=(固定成本÷营业收入－营业税金及附加－可变成本)×100%

(2)敏感性分析。考虑项目实施过程中一些不确定因素的变化，分别对营业收入、经营成本和固定资产投资做单因素变化对财务内部收益率、投资回收率的敏感性分析(见表4-9)。

表4-9　敏感性分析计算表

范围	所得税后						所得税前					
	内部收益率(%)			投资回收期(年)			内部收益率(%)			投资回收期(年)		
	营业收入	营业成本	固资投资	营业收入	营业成本	固资投资	营业收入	营业成本	固资投资	营业收入	营业成本	固资投资
－30%												
－20%												
－10%												
—												
10%												
20%												
30%												

第五节　家庭农场优势农产品加工项目建设

一、优势农产品加工业发展规划

（一）遵循的主要原则

（1）市场导向原则。瞄准国内、国际两个市场，立足市场对农产品及其加工品的消费需求，重点发展有比较优势和有特色的农产品加工业，发挥规模效益。

（2）产业化经营原则。发展壮大农产品加工的龙头企业，培育一批市场竞争力强的新型市场主体，促进农产品加工企业与原料基地紧密结合、上下游产品有机衔接、产加销一体化经营。

（3）科技创新原则。加大农产品加工的技术攻关和技术创新力度，大力引进和自主开发高新技术、设备和工艺，加快企业技术改造步伐，提高产品质量和档次。

（4）可持续发展原则。坚持高标准、严要求，采用先进工艺和技术，切实推行清洁生产，保护生态环境，推动经济、社会、环境协调发展。

（5）鼓励投入多元化原则。按照“谁投资，谁开发，谁受益”的原则，引导各类资金发展农产品加工业，实行投资渠道的多元化。

（6）加强宏观指导原则。通过制定和实施农产品加工业发展规划、政策，引导农产品加工业合理布局，提高农产品加工的现代化水平。

（二）确定发展思路与目标

依据国内外农产品加工业发展趋势，加快农业资源的开发利用；依托优势农产品基地，实行大、中、小型加工企业合理布局，重点扶持大中型加工企业发展；依靠科技进步，着力提高农产品综合加工能力，逐步实现农产品由初级加工向高附加值精深加工转变，由资源消耗型向高效利用型转变；推进农产品加工原料生产基地化、产加销经营一体化、农产品及其加工制成品优质安全品牌化，不断提高农业的综合效益和竞争力，促进国民经济持续健康发展。

二、优势农产品加工业的主要领域

农产品优势具有区域性，不同省份有不同的优势农产品。因此，家庭农场要发展优势农产品必须结合当地实际情况做出决策。比如，湖南省是传统农业大省，农业资源十分丰富，自古就有“湖广熟，天下足”的美誉。湖南省主要农产品中，水稻、柑橘、苎麻、油茶产量均居全国第一位；生猪出栏量居全国第二位，外销量居全国第一位；禽蛋、淡水鱼、棉花、茶叶等农产品产量也在全国占有重要地位。湖南省农产品加工业的资源条件得天独厚，加工增值潜力巨大。

比如，某地农产品加工业发展重点为粮食、畜禽、果蔬、油料、茶叶、水产品、棉麻、竹木加工等八大主导产业，重点打造粮食、畜禽、果蔬加工三大产业，发展培育一批年产值过数亿元的龙头企业。因此，该地家庭农场的规划与建设必须结合农产品优势产业发展规划，以上述重点发展产业为依托，延伸产业链头，建设成为优势产业的生产基地、加工基地。

三、家庭农场农产品加工项目建设要点

(1)总体概述。介绍加工项目名称和项目概述；产品需求与产品销售；产品方案与生产规模；生产方法；主要原料与水电供应；环境保护；总投资与资金来源；经济、社会效益

分析。

(2)项目背景与发展概况。简要介绍加工项目的产生背景和项目发展前景分析。

(3)市场需求与建设规模。市场需求现状；建设规模。

(4)建设条件。资源；主要原材料、辅助材料；建厂条件包括水、电、气候、公共设施、水文条件等。

(5)工程技术方案：①生产技术方案，产品采用的质量标准、技术方案选择、工艺流程、主要原材料、动力消耗指标。②总平面布局与运输。

(6)环境保护。对环境影响预测；设计采用的标准；环境保护及处理措施。

(7)劳动人员培训。加强对农产品加工技能、食品生产相关法律法规、生产流程与要求以及卫生要求等方面的培训。

(8)实施进度。选址、建厂、购置设备、安装生产线、原材料供应等方面的时间安排。

(9)投资估算与资金筹措。农产品加工厂需要的投资估算及资金的筹集方式。

(10)产品成本估算。农产品加工成本、包装成本、工人工资、机器设备损耗折旧以及场地地租等方面的费用估算。

(11)财务、经济评价。对农场正常运营进行财务、经济评价，投入产出分析等。

模块五　家庭农场的生产管理

第一节　重视家庭农场的核心价值

家庭农场从制度属性上较接近于农业企业。因为相对于普通农户，家庭农场更加注重农业标准化生产、经营和管理，重视农产品认证和品牌营销理念。在市场化条件下，为了降低风险和提高农产品的市场竞争力，家庭农场更注重搜集市场供求信息，采用新技术和新设备，提升生产高附加值农产品。

一、家庭农场的核心价值概述

这里所说的“核心价值”，主要指家庭农场在市场上的价值以及农业发展中的特殊地位。家庭农场的主要意义在于进行农业生产的主体大多是农民(或其他长期从事农业生产的人)。因此，家庭农场承载着农业现代化进程的重任，并在其中扮演重要角色，同时也要保证在家庭农场中从事生产劳动的农民致富。

分散的小规模农户，在市场中因其常常没有长期经营的品牌和资产，更容易出现“机会主义”。比如，他们为了节约生产成本，增加农产品的产量，在生产过程中有可能使用一些剧毒高残留的农药和化肥，而导致食品安全问题；在农产品进行售卖的过程中，可能出现以次充好，包装上缺斤短两等诸如此类的道德风险，而且在与一些农业销售公司或者龙头企业签订合同时，有可能出现做出承诺，实际上却不好好履行合同；享受了合同公司的种子、化肥、农药供应等优惠措施以后，在签订协议后却并不尽心尽力地搞好栽培技术和田间管理。

二、建立农场核心价值的方式

（一）商品化、标准化生产

小规模农户的生产及经营规模小、专业化、商品化、标准化水平低，是典型的自给自足的生产经营组织，充其量也只是小商品生产者。其生产经营的目的主要是为了自给自足，而不是为了商品交换。可以说是适应于自然经济要求的个体生产者，很难适应现代市场经济的要求，更谈不上在市场经济条件下拥有市场竞争力。

家庭农场随着市场经济的发展而发展，因而是市场经济发展的产物并以市场经济体制为环境条件，以追求利润最大化为目标，同小规模农户生产经营的目的恰好相反，不是为了自给自足，而是为了商品出售。它不仅是名副其实的农产品生产者，更是名副其实的农产品经营者，属于适应于市场经济要求的现代企业组织范畴，尤其是大规模家庭农场，其现代企业特性更加明显。因此，家庭农场不但要扩大生产经营规模，而且要按照较高的专业化、规模化、标准化水平生产。

同时，在商品化生产的基础上，家庭农场要追求现代生产要素融入农场的经营。小规模农户基本上以家庭成员为劳动者，只使用短期的、少量的、偶尔的雇工，且大都没有诸如合同等的契约关系。其生产经营规模一般较小，对传统生产要素如劳动力、资金、土地使用上趋于凝固化。家庭农场在利润最大化的驱动下，对于新技术、新产品、新管理等外界信息反应比较敏感，会不断追求生产要素的优化配置和更新，并以现代机械设备、先进技术、现代经营管理方式等具有规模特性的现代生产要素引入为手段来不断扩大生产经营规模，提高市场竞争力。

（二）找到各自农场的市场定位

每一家家庭农场都有自己的特色，但并非所有的特色都可以成为农场的定位，进而成为利润的来源。

作为家庭农场主，必须决定在什么地方能够创造出差异点，并且这种差异点可以被消费者认识到并且愿意购买。有的农场采取了传统的生产方式让城里人感觉“返璞归真”，回归真正的田园生活；有的农场采取了现代化的生产设施而让消费者感受到安全、标准化的“现代农业”；也有的农场定位在专一而大规模的农作物生产，用价格和质量征服市场；有的农场采取了多元生产结构用来“东方不亮西方亮”，规避农业风险。只要定位准确，并且有足量的消费者为其买单，这样的定位就是好的。也可以说，家庭农场主找到了农场真正的市场价值。

找到市场定位后，就要设计出一系列的措施，包括产品策略、价格策略、渠道策略和促销策略去实现其定位。实施这些策略时，要注意尽力去迎合目标消费者的心理认知。消费者的心理活动是复杂而多变的，所以要仔细揣摩消费者的购买和使用心理，品牌管理，在某种程度上就是管理消费者的心理感受。比如，一家割草机公司声称，其产品“动力很大”，故意采取了一款噪声很大的发动机，原因是消费者总以为声音大的割草机动力强劲；一家拖拉机制造商给自己生产的拖拉机的底盘也涂上油漆，这并非必要，原因是消费者会认为这样说明厂商对质量要求精益求精；有的农场生产绿色产品，就采取了环保并可回收利用的包装材料，让消费者感受到农场所呈现出的环保理念是全方位的。

（三）家庭农场要进行品牌化经营

长期以来，我国农民普遍存在“重种植，轻市场”的思想，品牌意识不强。虽然有质量好、品种优的农副产品，但由于市场知名度和竞争力低，或是“养在深闺无人识”，或卖不出好价，或是“增产不增收”，导致经济效益不佳，也挫伤了农民的积极性。如今，随着家庭农场的建立，农场主们无疑要取得市场的认可，农产品市场的出路到底在哪里？质量当然是第一，但是在同等质量的基础上，建立市场品牌是非常必要的。

只有建立了品牌，有了名称和标识，才能让消费者在万千产品中识别出来，从而制造精品农产品，增加农产品的附加价值及农民的收入。著名品牌策略大师艾·里斯说：“实际上被灌输到顾客心目中的根本不是产品，而只是产品名称，它成了潜在顾客亲近产品的挂钩。”

在激烈的市场竞争中，任何产品都需要注重品牌效应，农副产品也不例外。农场注册了商标，并非意味着开始了品牌化经营。未来的营销是品牌的战争——品牌互争长短的竞争。拥有市场将会比拥有工厂更重要，拥有市场的唯一办法是占市场主导地位的品牌。但是，现在好多农产品的问题在于，农产品生产主要根本没有什么质量和技术要求，只注意蔬菜、水果等产品的新鲜度，很少去对品牌有特殊的注意。不少人认为，只有进入工厂经过生产工艺加工后的产品才是真正的“商品”，而在田间地头的产品就没有那么多的要求，如果谁买个豆角还要看品牌就会成为人们嘲笑或议论的话题。还有很多生产者对于如何提高产品品质根本无严格意义上的实质性的举措。生产方式仍然沿袭以往的散户经营，化肥、农药的使用仍无标准，产品上市也没有什么包装。这类品牌且不说是否符合健康环保标准，单从外表就让人无法识别，只能凭商贩口里的大声吆喝，不要说走出国门赚取外汇，就是在国内，这类产品的市场前景也让人担忧。

第二节　建立家庭农场的农业文化

农业文化是在农业生产实践活动中所创造出来的、与农业有关的物质文化和精神文化的总和。中国几千年的农业文明，以及在此基础上形成的一整套农业文化体系，是中华文明史的重要组成部分。

一、农业文化的内涵

（一）农业习俗的存续

春种、夏锄、秋收、冬藏以及二十四节气不仅是岁月交替农业生产的节奏，而且是农耕文化的周期。在传统农业社会，乡村的土地制度等、水利制度、集镇制度、祭祀制度等，都是依据这一周期创立，并为民众自觉遵循的生活模式。民间素有“不懂二十四节气，白把种子种下地”的说法。我国北方农村的“打春阳气转，雨水沿河边”、“清明忙种麦，谷雨种大田”、“清明麻，谷雨花，立夏点豆种芝麻”等，就是“顺应天地”的形象表达。这些至今仍广为流传的农谚俗语，具有鲜明的地域特点和乡土本色的农业信仰和形式。大家所熟知的春节、端午节、中秋节等民俗饮食也是农业民俗文化的重要内容。

（二）农业文化的实体呈现

我国的农业文化的实体内容十分丰富，既包括农作物品种、农业生产工具，也包括农业文学艺术作品、农业自然生态景观等一切与农业生产相关的物质实体文化。不少历史学家发现农具的改进是社会进步和生产力水平提高的标志。但是随着机械化、工业化和现代化进程的发展，那些代表一个时代、一个地域农业发展最高水平的传统农具，正在被抽水机、除草剂、收割机、打谷机、挤奶机等取代。作为传统农耕生活方式的历史记录，水车、风车、舂臼、橘槔、石磨等工具几近“绝种”。

（三）农业哲学理念、价值体系、道德观念

传统中国是一个以农业生产为经济基础的乡土社会，也是熟人社会，人们聚族而居，生于斯、死于斯，彼此之间都很熟悉。从熟人社会中孕育出来的无讼、无为政治、长老统治、生育制度、亲属制度等思想，都体现了农业文化环境下人与人之间遵循的互动规则以及人与人之间和谐相处的风范。在这样的环境下孕育出诚实守信、尊老爱幼、长幼有序、守望相助、互帮互助和热爱家乡等优良传统。这些优秀的传统美德不仅对农民的生活和发展而言是重要的，而且也是全体社会成员幸福的必要条件；这些优秀的传统美德不仅在传统农业社会是必需的，在现代和谐社会的构建中也是不可缺少的；这些优秀的传统美德不仅是社会秩序稳定的基础，也是中华民族进步不竭的精神动力和源泉①。

二、建立农业文化的途径

（一）发展参与式农业

家庭农场可以把农业文化的保护传承与增加收入和改善生活联系在一起。家庭农场首先引导向农业的深度发展，这其中包括了提高产品质量，如发展有机农业、农产品的深加工、改变销售方式、形成特色品牌等；家庭农场可以向农业的广度发展，这个广度是充分利用社区的自然资源、农业资源、文化资源、扩展农业的服务领域，其中典型的发展途径就是利用地

① 孙白露，朱启臻．农业文化的价值及继承和保护探讨[J]．农业现代化，2011（1）。

理、生物和文化的多样性来发展乡村旅游。

(二)发展社区农业

社区农业是近些年农业社会学者提出的一个农业发展和农业保护的新概念。社区农业是指依据农业与农村的多功能原理，充分利用社区资源形成的综合性农业。

家庭农场因为拥有当地农业资源，如果能够挖掘传统农业资源，如种质资源、传统农具、传统技术、乡土知识、生活场景等，通过对农业的生物多样性和文化多样性的挖掘，比如，在家庭农场中种植和收获中，民俗、节日庆典等文化形式体现乡土文化，就可以吸引周围社区消费者参与其中。农场还利用独特的资源、文化传统，发掘社区资源的价值，重新整合利用田园景观、农村风貌、自然生态环境；农业生产工具、农业劳动方式、农业技术、循环利用、乡土知识、农家生活、风俗习惯、民间信仰资源，如沿海地区的“渔村”、东北地区的“猎民村”、城市郊区的“豆腐村”，可以把向自然攫取食材、饮食与饮食文化、传统食品加工制作工艺、食品加工工具、当地民俗与生活方式等有机融合在一起。发挥农业文化的价值，并使其得到有效利用，使农业文化得以保护传承。

第三节　建立家庭农场的继承体系

农场主不是一般的农民能够胜任的，既要懂农业生产，还要懂经营管理。更为重要的是对农业文化有感情、有眷恋，愿意将家庭农场当成事业来做。当前我国农村许多地方都面临着“子不承父业”的问题，素质较好的农村劳动力纷纷流向非农产业或大城市，农业从业人员整体素质偏低。发展家庭农场，谁来当农场主？谁能当好这个农场主？有了第一代农场主以后，谁来继承和发展家庭农场这也是个大问题。

目前来看，有以下途径。

一是农场主、专业合作组织的带头人与主力成员、从事农业服务的技能人员的子女。因为耳闻目睹，这些孩子对农业经营有天然的感情，也有比较全面的农业生产知识，但是他们最缺少的是经营管理等方面的知识。

二是从城市中来，他们可以是从专业农校毕业，对农业有一定的兴趣与了解。农业院校的大中专毕业生回到农村去，特别是从农村走出来的大中专毕业生。对他们来讲，更需要的是农业生产力方面的实际经验。只要从事家庭农场有比较好的收入预期，能够把做家庭农场主当做职业选择。2012 年，全国家庭农场经营总收入为 1620 亿元，平均每个家庭农场为 18.47 万元。作为家庭农场经营者的农户应当具有体面的、合理的收入来保证一定的生活水平，这一条件的存在决定了农业从业者在整个社会的经济地位，以及有无更多的人愿意从事家庭农场的经营与管理。

第四节　家庭农场的经营模式

新型农业经营主体是我国构建集约化、专业化、组织化、社会化相结合的新型农业经营体系的核心载体。现阶段，我国新型经营主体主要包括专业大户、家庭农场、农民专业合作社、农业企业等。在我国新型农业经营体系中，各类经营主体具有怎样的地位，扮演什么角色，发挥什么功能等相关研究尚不深入。如何协调各主体之间的关系，也就成为一个挑战。

我们认为，家庭农场作为专业大户的“升级版”，主要面临着与农民专业合作社和农业企业的关系处理问题。

一、家庭农场+农业企业

农业龙头企业在家庭农场发展过程中可能发挥的作用是，作为公司可以应对高昂的信息成本、技术风险，降低专用性资产投资不足，提高合作剩余。龙头企业可以和家庭农场或者合作社，来进行合作经营，或者是“企业+订单农业”方式，成为农业经营方式上的创新。事实上，由于家庭农场的规模性以及对产品质量和品牌的关系，龙头企业都希望与家庭农场进行合作。

在中国乳制品行业中，随着规模化进程的加快，家庭农场养殖(以家庭农场为单位，进行分户、分散养殖的方式)逐渐退出。例如，伊利集团、蒙牛集团为了提高奶源质量纷纷在基地内建设规模化的牧场。2007～2012年，伊利集团先后投入近90亿元用于奶源升级和牧场建设，在全国自建、合建牧场1415个。伊利奶源供应中来自集中化、规模化养殖奶牛的比例达到90%。而蒙牛一直通过投资建设现代化牧场及设备、参股大型牧场提升奶源整体水平及质量控制。截至目前，蒙牛的规模化、集约化奶源约为93%，到2015年已实现100%奶源规模化、集约化。在规模化的进程中，主要采取“企业+家庭牧场”与从事专业原奶生产的家庭牧场进行对接。对接的家庭牧场主要有两种来源：其一，农牧民通过自身发展升级成家庭牧场，部分牧民凭借着辛勤劳动和奉献精神，将土地的自然条件与市场机制很好地结合起来，通过亲缘、乡缘、血缘等联系，专注于奶业的生产经营，成为家庭牧场。像内蒙古和林格尔古力半忽洞村的常彦风牧场；还有农业专业大户转化成家庭牧场，像内蒙古调研的土左旗察素齐镇的雪原牧场等。其二，农民专业合作组织成员分化出的家庭农场，合作组织中的部分成员，包括“大农”和具有一定规模的“小农”分化成独立家庭农场。

广东温氏食品集团有限公司也采取了“公司＋农户”模式，以外部组织的规模收益相对有效地克服了小农经营规模不经济的弊端，并开始采取“公司＋家庭农场”生产经营模式化解了“公司＋农户”下的利益分配难题，实现了龙头企业与农户间更紧密的联结机制，创新了现代农业经营方式。

二、家庭农场＋合作社

目前，农民组织化程度低的重要原因在于分散的小农户缺乏组织起来的驱动力，培育家庭农场为农民的组织化提供了基础。家庭农场具有较大规模，刺激农户合作的需求。合作社是实现农民利益的有效组织形式，2007 年我国颁布了《农民专业合作社法》，但是并没有显著激发农民的合作行为，其中小规模的生产方式是限制农民合作需求的主要原因之一，因为小规模的农户经营加入合作社与否，并不能带来明显的利益。家庭农场则不同，加入合作社与否对其利益的获得具有显著影响，合作的需求就会被激发出来。

家庭农场与小农户生产的区别不仅表现在经营规模上，而且表现在现代化的合作经营方式上。家庭农场是农民合作的基础和条件。家庭农场为集约化经营创造了条件，家庭农场的专业化经营通过合作社的经营得以实现。从农产品的市场营销而言，一个家庭农场打一个品牌是很困难的，这就需要农场之间的联合，需要形成具有组织化特征的新型农产品经营主体，需要合作社去把家庭串起来。组织化和合作社主要解决小生产和大市场的矛盾，当然也解决标准化生产、食品安全和适度规模化的问题，各类家庭农场在合理分工的前提下，相互之间配合，获得各自领域的效益，这样它就可以和市场对接，形成一种气候和特色。

为促进家庭农场的可持续发展，家庭农场主之间存在合作与联合的动力，家庭农场也可以不断和其他生产经营主体融合。比如，形成“家庭农场＋合作社”、“家庭农场＋家庭农场协会”和“家庭农场＋家庭农场主联社”的形式，以推进农资联购、专用农业机械的调剂、农产品培育、销售及融资等服务的开展。

比如，山东省就出台了“家庭农场办理工商登记后，可以成为农民专业合作社的单位成员或公司的股东”，以及“农村家庭成员超过 5 人，可以以自然人身份登记为家庭农场专业合作社”等相关规定。

三、家庭农场＋合作社＋龙头企业模式

“家庭农场＋合作社＋龙头企业”模式也是适宜家庭农场发展的一种较好的模式选择，它能够把龙头企业的市场优势及专业合作社的组织优势有效结合起来，可以兼顾农户及龙头企业双方的利益，同时借助专业合作社的组织优势，提升家庭农场在市场中的地位。目前，这种模式普遍存在，在专业合作社较弱、缺乏加工能力的条件下，可以选用这样模式，将家庭农场有效组织起来，构建产、加、销一体化的产业组织体系，实现多赢的效果。

四川新希望集团就在进行类似的组织创新，他们扩展“公司＋合作组织＋农场主＋农户”模式，变成了“农业服务员”，一是为农业组织服务，帮助家庭农场发展，并组建更多的农业合作社；二是努力成为提供技术、金融、加工生产和市场等各种农业服务的综合服务商。

第五节　家庭农场主要产业的生产管理

一、家庭农场的种植业生产管理

种植业生产管理是家庭农场生产管理的重要内容之一。

（一）种植业生产结构优化

种植业是指除林果业以外的以人工栽培的植物生产，包括粮食作物、经济作物、饲料作物、绿肥作物、蔬菜、花卉等农作物的种植生产。种植业是家庭农场的基本生产类型之一。它不仅是农业的主要生产部门，而且为其他部门提供基本原料和生产资料。因此，种植业生产的组织管理是家庭农场的基本管理活动。

【知识链接】

什么是农业生产结构

农业生产结构亦称农业部门结构，是指一个国家、一个地区或一个家庭农场的农业生产各部门和各部门内部的组成及其相互之间的比例关系。如农业各生产部门中的种植业、林业、牧业、副业、渔业等的组成情况和比重。农业生产结构是农业生产力合理组织(或生产力要素合理配置)和开发利用方面的一个基本问题。它的合理与否对农业生产能否顺利发展起着十分重要的作用。

1. 农作物种植制度

农作物种植制度是规范化的农业技术措施体系，具体包括轮作制以及与之相适应的土壤耕作制、良种繁育制、施肥制、灌溉排水制、植物保护制等。一个合理的农作物种植制度，应能合理利用当地自然资源，充分发挥劳动力和生产工具的作用，在获得农作物稳产、高产的同时，不断提高土壤肥力，保持农业生态平衡，促进农、林、牧、副、渔全面发展，提高劳动生产率。因此，它是农业生产上带有全局性、长远性的总体部署。

(1)轮作制度。轮作是指按照自然规律和经济规律，将几种农作物在一定土地面积内进行时间上、空间上的合理安排，构成一个有机整体。

(2)良种繁育制度。良种是指在一定条件下，其性能显著优于现有品种的农作物种子。良种繁育制度，是指为培育、生产、推广、经营农作物良种而建立的一整套工作制度。采用良种生产，是一项十分经济有效的增产技术，一般可增产10%，高的可达20%～30%。良种繁育制度包括品种选育、品种审定、品种规划、良种繁殖、种子检验、区域试验、良种推广和种子经营调剂等工作。

(3)土壤耕作制度。土壤耕作制度是为农作物生长发育创造适宜的土壤环境而建立的耕、耙、压等一系列耕作措施的制度。

(4)施肥制度。施肥制度是为供给农作物养分和恢复、提高土壤肥力而建立的关于积肥、造肥、种肥、保肥、运肥和施肥等一整套制度。

(5)灌溉排水制度。灌溉排水制度是在一定气候、土壤、水文、土质等自然条件和农业技术条件下，为调节农田水分状况、获得农作物高产而进行的合理的灌溉排水的制度。

(6)植物保护制度。植物保护制度是规范化地防止病虫侵袭，保护农作物正常生长的一系列措施的总称。要做好植物保护工作，必须掌握农作物病虫害的发生、消长、扩散和传播的规律，采取农业的、生物的、化学的、物理的多种防治手段，有效地把病虫对农作物的危害控制在允许的范围之内。植保工作的方针是预防为主，综合防治。

2. 种植业生产结构优化方法

种植业生产结构是指在一定区域内各种作物种植面积占总种植面积的百分比，用以反映各种作物的主次地位、生产规模。研究种植业生产结构，要解决粮食作物、经济作物、饲料作物与其他作物之间的比例关系；粮食作物中要研究粗粮作物与细粮作物、夏粮作物与秋粮作物之间的比例关系；在经济作物中要研究油料作物、纤维作物、糖料作物之间的比例关系等。

市场竞争日益激烈，种植业生产要满足社会多样化、高级化的需求，必须要进行结构调整优化。建立合理的生产结构，必须遵循以下原则：市场导向原则、主辅结合原则、用地与养地结合的原则、产业互补原则等。

（二）种植业生产计划

生产计划是生产活动的行动纲领，是组织管理的依据。种植业生产计划就是将年内种植的各种作物所需要的各种生产要素进行综合平衡，统筹安排，以保证家庭农场计划目标的落实。

1. 种植业生产计划的内容

种植业生产计划，是种植业生产的空间布局和时间组合的安排，是种植业生产管理的重要一环。

1)种植业生产计划分类

(1)按时间长短分：长期计划、年度计划、阶段作业计划。

(2)按内容分：耕地利用计划、作物种植计划、作物产量计划、农业技术措施计划等。

(3)按作用分：基本生产计划、辅助生产计划、技术措施计划等。

2)种植业生产计划的内容

种植业生产计划主要有耕地发展和利用计划、农作物产品产量计划、农业技术措施计划、农业机械化作业计划等。

(1)耕地发展和利用计划。耕地发展和利用计划主要反映计划年度耕地的增减变动及其利用状况，如表5-1所示。

表5-1 ××年家庭农场耕地利用计划表

单位：亩

项目	上年实际	本年计划
一、年初实有耕地面积		
二、年内计划增加耕地面积		
1. 计划开荒面积		
2. 调入耕地		
3. 其他形式增加		
三、年内计划减少耕地面积		
1. 各种建设占用耕地		
2. 造林(退耕还林草)占地		
3. 调出耕地		
4. 其他形式占地		
四、年末计划达到耕地面积		
1. 水田		
2. 旱地		
其中：水浇地		
五、本年度计划耕地面积		
六、年内未利用耕地面积		
其中：休闲地		

为了反映耕地利用情况，可借助以下指标进行分析：

垦殖率。该指标反映可垦土地的利用程度。

$$垦殖率=\frac{耕地面积}{可垦未耕土地面积+耕地面积}\times 100\%$$

耕地种植率。该指标反映对现有耕地的利用程度。

$$耕地种植率=\frac{本年实际种植的耕地面积}{全部耕地面积}\times 100\%$$

复种率(复种指数)。该指标反映年内现有耕地的利用强度。根据计算口径又可分为全部耕地和年内实际种植地的复种率。

$$全部耕地复种指数=\frac{实际播种面积}{全部耕地耕种面积}\times 100\%$$

$$实际种植耕地复种指数=\frac{实际播种面积}{当年实际耕种的面积}\times 100\%$$

反映耕地生产能力的指标。

$$稳产高产田比重=\frac{稳产、高产田面积}{全部耕地面积}\times 100\%$$

反映耕地利用效果的指标。

$$耕地产出率=\frac{种植业总产量（总产值、净产值、利润或纯收入）}{可垦未耕土地面积+耕地面积}\times 100\%$$

(2)农作物生产计划。反映计划年度各种作物和播种面积、亩产量、总产量计划数，如表5-2所示。

表5-2 ××××年农作物生产计划表

作物名称	播种面积(亩)		亩产量(千克)		总产量(吨)	
	上年实际	本年计划	上年实际	本年计划	上年实际	本年计划
粮食作物： 1. 水稻 2. 小麦 …						
经济作物： 1. 橡胶 2. 茶叶 …						
其他作物： 1. 瓜菜 2. 饲料 …						

(3)农业技术措施计划。农业技术措施计划主要包括土壤改良及整地计划、农田基本建设计划、种子计划、播种施肥计划、化学灭草及植保计划、田间作业计划、灌溉计划等。现介绍几种主要技术措施计划。

灌溉计划。编制灌溉计划，是根据农作物的种植计划、生育期灌溉水定额、水资源供给量、降水及土壤墒情等，进行综合平衡。具体做法：首先，根据各作物的播种面积和常年在各生育期的灌水定额(作物实际需水与天然补水量的差额)，计算各月(天)的需水总量；其次，再与水源可供量(地表与地下提水量)进行平衡。

播种计划。播种计划是对作物播种面积、播种量、播种时间、播种顺序、播种方法、质量要求、种子处理、种肥施用等的计划安排，如表5-3所示。

表5-3　××年春播种作物计划表

作物	播种面积(亩)	播种时间(×月×日～×月×日)	种子名称	田播种量(千克)	种肥		总播种量(吨)	播种方式	质量要求
					名称	亩用量(千克)			

施肥计划。主要根据作物的需肥种类和数量、土壤肥力状况，来确定需人工补充投肥的种类和数量，以保持土壤肥力的永续性。其计划指标有施肥面积、施肥种类、施肥量、施肥方法、施肥时间等，如表5-4所示。

表 5-4　××年农作物施肥计划表

作物	施肥种类	施肥面积（亩）	亩施用量（千克）	总施用量（千克）	施肥方法	施肥时间
橡胶	基肥 种肥 追肥					
咖啡	基肥 种肥 追肥					
…						

2．种植业生产计划的制订方法

常用的种植业生产计划的编制方法有综合平衡法、定额法、系数法、动态指数法、线性规划法等。现将综合平衡法介绍如下：

综合平衡法是编制计划的基本方法。种植业生产涉及各种作物的合理搭配，以及生产任务与生产要素的平衡；计算各种生产要素可供应量与生产任务的需要量，主要是通过比较，找出余缺，进行调整，实现平衡。

1)种植业生产的平衡关系

(1)生产供应与市场需求的平衡。

(2)生产要素的平衡。

(3)土壤肥力的平衡。

(4)生产项目之间的平衡。

2)种植业生产的平衡方法

采用综合平衡法，是通过编制平衡表来进行的。综合平衡表的内容主要有需要量、供应量、余缺三个项目。如主要物资平衡表，是以实物形态反映物质产品的生产与其需要之间的关系，如表 5-5 所示。

表 5-5 主要物资平衡表

项目 \ 要素	种子	化肥	劳动力	…
一、需要量				
1. 橡胶				
2. 咖啡				
…				
二、可供量				
1. 期初结余				
2. 本期购入				
…				
三、余缺				

(三)种植业生产过程组织

农作物生产过程，是由许多相互联系的劳动过程和自然过程相结合而成的。劳动过程是人们的劳作过程；自然过程是指借助于自然力的作用过程。种植业生产过程，从时序上包括耕、播、田管、收获等过程；从空间上包括田间布局、结构搭配、轮作制度、灌溉及施肥组织等过程。各种作物的生物学特性不同，其生产过程的作业时间、作业内容和作业技术方法均有差别。因而，需要根据各种作物的作业过程特点，采取相应的措施和方法，合理组织生产过程。

1. 种植业生产过程组织的要求

(1)时效性原则。农作物生产具有强烈的季节性，什么时候进行什么作业，都有严格的时间要求。该种不种或该收不收，就会延误农时，降低产量。因此，一定要按照生产计划组织生产，按时完成各项作业任务，提高劳动的时效性。

(2)比例性原则。不同的农作物，其生产周期不尽一致，有的属于夏收作物，有的是秋收作物；同一种农作物的不同品种，也有早熟和晚熟之区别。不同的作物按比例进行配合，既有利于生产要素的合理使用，又有利于缓和资源使用的季节性矛盾。

(3)标准化原则。标准化原则主要是指每项农作物都要制定规范的作业标准，严格按作业标准进行田间操作。只有这样，才能提高工效，保证作业质量，增加产量。

(4)安全性原则。安全性原则主要指农业生产要注意保护劳动者、劳动资料的安全以及资源的可持续利用。随着农业现代化、工厂化的发展，由于使用化学农药、农业机器等，容易发生农药中毒、机电伤亡事故，影响人和畜禽的安全；由于化肥、农药使用不当，导致土壤团粒结构的破坏，严重的则造成绝收。安全问题日益突出。

(5)制度化原则。制度化原则是指生产过程的组织需要有相应的制度保证。具体来说，生产作业内容方面有作物轮作制、施肥制、灌溉制、病虫害防治制度等；作业时间方面有作业日历制等；生产职责方面有岗位责任制、作业责任制、承包责任制等。

2. 种植业生产的时间组合

种植业生产的时间组合，也可称轮作种植。它是指在同一空间地段上，不同时间作物的轮流种植，以充分利用土地的生产时间，增加光能利用率，提高土地的生产效能。

作物轮种，是一种技术经济措施。作物轮种的种类、品种和时间，首先，要符合作物的生物学特性，具有技术的可行性；其次，轮种可以获得更高的投入产出率，符合经济的合理性。

种植业生产的时间组合要求：一是因地制宜。作物复种、轮作、套作，要能提高土地利用率，增加单位耕地面积的生产量。二是合理搭配，即作物轮作搭配能适应种植计划要求，能更好地满足市场需求和自给需求。三是时间协调。作物轮作能形成最好的相辅相成关系，达到时间协调，肥力互补，能提高劳动生产率和成本产值率。四是有利于多种经营。作物轮作更有利于开展多种经营，提高家庭农场的总体经济效益。

种植业生产的时间组合，除上述定性分析外，还可以进行定量分析，将单项作物轮作产量与效益进行比较，以说明时间组合的有效性。

3. 种植业生产的空间布局

种植业生产的空间布局，也称地域种植安排。它是各种作物在一定面积耕地上的空间分布。由于自然、经济的原因，一个家庭农场或一个生产单位的耕地质量总是会有各种各样的差别。不同地块的土壤性状，适应不同作物的生物学特性，具有不同生产效益；同类土质不同地段位置的地块，由于区位差异而引起的交通、管理的区别，也造成不同的种植效应。因此，搞好农作物布局要求：一是保证完成国家的合同订购任务，以满足市场的需求；二是保证家庭农场内部生产需要（种子、饲料、加工原料）以及生活需要（劳动者口粮）；三是符合当地的自然环境（土地类型、气候）；四是作物之间茬口衔接合理，用地与养地相结合；五是尽可能集中连片，便于实行机械化和田间管理。

同时，还可借助于定量分析方法，安排种植业生产的空间布局。常用的方法有亩产量（亩效益）比法和线性规划法。

以咖啡与茶叶的种植为例，说明亩产量（亩效益）比法的应用，如表 5-6 所示。

表 5-6　不同作物不同地块亩产量比

项　目	A 地	B 地	C 地	D 地
咖啡(千克)	200	150	45	100
茶叶(千克)	40	50	70	30
咖啡、茶叶亩产量比	5:1	3:1	0.64:1	3.3:1

在表 5-6 中，亩产量比，指某类地块作物种植的产量代替比。从各地块的产量看，A 地、B 地与 D 地以种植咖啡作物适合；从咖啡与茶叶两种作物产量比来看，C 地种茶叶作物最合适；从咖啡、茶叶的价格比看，若比价为 1.5:1，则 C 地安排茶叶生产有利，其他地块种植咖啡更加有利。

二、家庭农场的养殖业生产管理

（一）养殖业生产管理的特点

养殖业生产，是指所有牲畜、家禽饲养业和渔业生产，主要提供肉、蛋、奶及水产品；为轻工业提供毛、皮等原料；为外贸提供出口物。养殖业的发展对改善人们的食物构成，提高人们的生活质量具有重要的意义。

根据生产对象的饲养特点和动物性产品的消费特性，可将养殖家庭农场划分为四大类型。

第一类，以牲畜为生产对象，包括养牛、马、猪、羊、兔等，这类家庭农场的产品主要是肉、皮、毛、乳等。

第二类，以禽类动物为生产对象，包括养鸡、鸭、鹅、火鸡、鹌鹑等，这类家庭农场的主要产品是肉、蛋、毛等。

第三类，以水中动物为生产对象，包括养鱼、虾、贝类、蟹、水生藻类、贝养珍珠等。这类家庭农场的主要产品是水生动物的肉、寄生物等。

第四类，以虫类动物为生产对象，包括养蜂、蚕、蚯蚓、蝎等。这类家庭农场的主要产品是虫类的蜜、丝、皮、全身等，还有重要的制药原料等。

由于养殖业包括的内容繁多，这里只以养殖畜禽类动物的家庭农场为例，介绍养殖业生产家庭农场的管理及其方法。

1. 养殖业的生产特点

(1)养殖业生产对象是有生命的动物。养殖业的自然再生产和经济再生产交织在一起的基本特点，要求家庭农场不但要按自然规律组织生产活动。同时，还要求家庭农场按照经济规律进行生产管理，以取得良好的经济效益和生态效益。

(2)养殖业生产的转化性。养殖业将植物能转化为动物能。饲料在生产成本中占有很大的比重，养殖业生产管理的主要任务之一是提高饲料(或饵料)转化率。

(3)养殖业生产的周期长。养殖业生产周期一般较长，在整个生产周期中要投入大量的动力和资本，只有在生产周期结束时才能获得收入，实现资本的回收。从生产时间分析，比如奶牛有高产期、低产期和干浮期，蛋鸡有产卵期和歇卵期，等等。因此，在生产中要求选用优良品种，采用科学饲养管理，延长生产时间，缩短生产周期，提高畜禽的产品率。

(4)养殖业生产的双重性。繁殖用的母畜、种畜、奶畜是劳动手段和生产资料，而作为肉畜、肉禽则又是劳动产品和消费资料。养殖业生产既要满足社会对生活消费品的需要，又要保证家庭农场自身再生产的需要，因而具有双重性特点。

(5)养殖业生产的可移动性。畜禽可以进行密集饲养、异地育肥。运用这个特点，可以克服环境等因素的不利影响，创造适合于养殖业生产的良好的外部环境，以保证养殖业生产过程的顺利进行。

2. 养殖业的生产任务

养殖业生产任务是根据市场需要，结合资源环境和经济技术条件，确定合理的生产结构；采用科学的养殖方式，发展家畜、家禽、水产品养殖与培育，生产更多更好的畜禽及水产品，以满足社会的多样化需求。

(1)确定生产结构。养殖家庭农场应根据国家经济发展战略目标、市场需求状况和家庭农场自身的资源条件，坚持“以一业(一品)为主，多种经营”的经营方针，因地制宜确定畜禽生产结构。有丰富的饲草资源的地区，可以多发展牛、羊等食草畜，适当发展生猪和家禽；在广大农区，以养猪、鸡等家禽为主，有条件的可兼养牛、羊等，以充分利用农业精饲料和秸秆粗饲料等多种资源，降低生产成本。

(2)建立饲料基地。饲料是养殖业发展的物质基础。发展养殖业，提高畜禽产品和质量，其基本条件是建立相对稳定的饲料基地，保证畜禽正常的生长发育，解决“吃饱”的问题；同时，要发展饲料加工业，生产各种配合饲料和添加剂，提高饲料质量，满足各种畜禽、鱼虾等各个生长期的多种营养需求，解决“吃好”的问题。

(3)提供优质产品。动物品种的优劣，关系到植物饲料的转化率和产品的生产率。因此，养殖业生产的重要任务之一，就是要不断引进和培育优良品种，实施标准化生产，提高畜禽产品和水产品的内在品质，为社会提供更多的优质产品。

3. 养殖业的生产组织与管理

1)饲料组织与利用

饲料的种类、数量、质量对养殖业发展有直接的制约作用。

(1)广开饲料来源。一是充分利用饲料基地的资源供给；二是合理利用天然饲料资源，以利于就地取材，提供部分饲料，降低饲料成本。

(2)做好饲料供需平衡。饲料的数量和质量，决定养殖业的种类和规模，因此，要做好饲料供需平衡工作。既要科学地预测各种饲料的需求量，又要积极组织饲料来源，在挖掘饲料潜力基础上，做好饲料供需平衡工作。具体方法，可通过编制平衡表来实现饲料供需的计划性。

(3)合理利用饲料资源。饲料是养殖生产的主要原料，饲料组合方式和饲料投入量，对畜禽、鱼虾的生长、发育及其产品形成有着密切的关系。在畜禽、鱼虾生长发育过程中，不同种类、品种，以及同一品种的不同发育阶段，需要不同的营养成分。因此，养殖业生产，要改“收什么，喂什么”的传统饲养方式为“喂什么，收什么”，科学地利用、配合精饲料喂养，以利于提高料肉比。

2)饲料管理与规范

(1)规范饲料管理制度，包括饲养管理标准化制度，如喂养制度、饲料供应制度、良种繁育和推广制度、防疫卫生制度等；饲养管理责任制度，即责权利制度，包括岗位责任制、定额计件责任制、喂养承包责任制、综合承包责任制等。

(2)重视引进和改良品种。扩大优良品种的繁育和推广，提高优良品种率，是提高畜禽产品和水产品产量和质量的关键。在引进优良品种的同时，应加强技术管理，防止品种退化，稳定产品质量。

(3)实行标准化生产运作。即按科学化管理要求，对畜禽逐步实行按性别、用途、年龄分组、分类的管理，合理确定不同组别的技术经济标准、饲料配方、饲养方法和饲养管理标准，以提高饲养生产管理水平。

(4)适度扩大饲养规模。根据生产发展水平和市场需求状况，适度扩大饲养规模，提高饲养机械化水平，逐步实施专业化养殖，以实现规模经济效益。

(二)养殖业生产计划

畜禽生产，除了依靠专业饲养技术人员搞好饲养管理外，还必须依靠专业管理人员搞好生产管理。生产管理的关键是做好计划管理，包括生产计划和生产技术组织计划。下面以家畜生产计划为例进行讲解。

家畜生产计划主要包括畜群交配分娩计划、畜群周转计划、畜产品产量计划和饲料供应计划等。

1. 畜群交配分娩计划

畜群交配分娩计划，即表明在计划年度内牲畜交配、分娩的头数，它是组织畜群生产的依据之一。畜群生产可采用季节性交配分娩和陆续性交配分娩，这两种类型各有利弊。季节性交配分娩可选择最适宜季节，尽量避开严寒酷暑，保证较高的受胎率和成活率；但存在着人力、设备利用的不充分。陆续性交配分娩，是指乳畜均衡地在各个月分娩，时间分布较均匀，可全年均衡提供产品；但严寒酷暑对乳畜产仔的影响很难避开，同时也存在着人力和设备投入与规模相适应的问题。编制畜群交配分娩计划，要根据市场需求规律与本场自然气候条件、生产资源状况加以确定。

以猪群交配分娩计划为例说明，要根据养猪场的年度生产任务、采用的分娩方式、现有基本母猪和检定母猪的年初头数、上一年最后 4 个月已交配母猪的头数和交配时间等情况进行编制。猪群交配分娩计划如表 5-7 所示。

表 5-7　猪群交配分娩计划

交配					分娩							
年度	月份	基本母猪	检定母猪	合计	年度	月份	出生胎数			出生仔猪数		
							基本母猪	检定母猪	合计	基本母猪	检定母猪	合计
上一年度	9				本年	1						
	10					2						
	11					3						
	12					4						
本计划年	1					5						
	2					6						
	3					7						
	4					8						
	5					9						
	6					10						
	7					11						
	8					12						
	9					合计						
	10					说明						
	11											
	12											
合计												

2. 畜群周转计划

畜群在一定时期内，由于出生、成长、购入、淘汰、死亡等原因，经常发生数量上的增减变动。为掌握畜群变化规律，应根据畜群结构、交配分娩计划、淘汰计划和畜群周转关系，编制畜群周转计划。以养猪为例，编制现代化养猪场猪群周转计划，如表 5-8 所示。

表 5-8　猪群周转计划

组别	计划年初数	周转月份												增加			减少			计划年未头数
		1	2	3	4	5	6	7	8	9	10	11	12	繁殖	转入	其他	出售	转出	死亡	
合计																				
种公猪																				
基本母猪																				
仔猪： 1 月龄 2 月龄																				
后备猪： 3 月龄 4 月龄 5 月龄 6 月龄 7 月龄 8 月龄 9 月龄 出售育肥猪																				
淘汰育肥猪 1 月 2 月 3 月																				
总计																				

3. 畜产品产量计划

畜产品产量计划可根据生产任务的不同，制订家畜产肉计划、产奶计划等，以家畜产肉计划为例，计划内容如表 5-9 所示。

表 5-9　家畜产肉计划

种类＼产肉量＼月份	1	2	3	4	5	6	7	8	9	10	11	12	全年
一、牛屠宰头数（头）													
平均活重（千克）													
出肉率（%）													
产肉量（千克）													
二、猪屠宰头数（头）													
平均活重（千克）													
出肉率（%）													
产肉量（千克）													

4. 饲料供应计划

饲料供应计划，是按一定时间和饲养头数来制订的。饲料需要量，一般可分为按年计算和按月计算两种。按年计算饲料需要量，可根据家畜在群年平均头数的年需要量计算，见表5-10所示。按月计算饲料需要量时，可根据畜群周转计划中各畜月平均头数乘上各月饲料定额来计算。

表 5-10　年饲料供应计划

猪群分组	在群平均头数	1 号料		2 号料		普通饲料	
		定额（千克/头）	总量（千克）	定额（千克/头）	总量（千克）	定额（千克/头）	总量（千克）
种公猪							
基本母猪							
鉴定母猪							
仔猪							
后备猪							
育肥猪							
淘汰猪							
合计							

（三）专业化养殖场生产管理

1. 专业化养猪场生产管理

从养猪场类型来看，可分为如下几类：第一类，包括繁殖、育肥在内的自繁、自育的猪场；第二类，只进行繁殖、销售仔猪的猪场；第三类，购买仔猪进行育肥的猪场。下面以自繁、自育的猪场为例，阐述工厂化养猪的生产管理。

1）仔猪选留

（1）猪的生物学特性和经济类型。从生物学角度看，猪性成熟早、繁殖率高、生长速度快、饲养成本低、屠宰率高。一般情况下，猪的屠宰率是60%～75%，而牛为50%～60%，羊为40%～50%。猪的经济类型按其生产性能、肉脂品质等特点，可分为脂肪型、瘦肉型、兼用型。脂肪型的猪，其特点是脂肪多，一般占胴体的55%～60%，瘦肉占30%左右。瘦肉型猪也叫腌肉型猪，瘦肉占胴体的55%～60%，脂肪占30%左右。肉脂兼用型，胴体中肥瘦肉所占比例大体相等。

（2）猪的选种和育肥仔猪的选择。①猪的选种。一是根据猪群的总体水平进行选种，如猪的体质外形、生长发育、产仔数、初生重、疫病情况等。二是根据猪的个体品质进行选种，主要从经济类型、生产性能、生长发育和体质外形等方面进行。②育肥仔猪的选择。一是从品种方面，选择改良猪种和杂交猪种，因为它们比一般猪种生长发育快；二是从个体方面，选择体大健康、行动活泼、尾摆有力的个体。

2）饲料利用

（1）猪饲料的选用。即根据猪饲料的特点以及猪在不同月龄、不同发育阶段的营养需要，选择适当的饲料进行饲养。小猪生长发育旺盛，但胃肠容量小，消化机能弱，可选择易消化、营养丰富且含纤维素少的高能量、高蛋白饲料。中猪消化器官已充分发育，胃肠容量较大，在这个阶段，为满足其骨骼和肌肉的生长，可以较多地喂些粗饲料和青饲料。催肥猪骨骼和肌肉生长已趋缓慢，脂肪沉积加强，此时，则应多喂含淀粉较多的配合饲料。

（2）饲料报酬的分析。饲料是养殖业生产的主要原材料，饲料组合和饲料投入量对畜禽生长、发育和畜产品形成均有极为密切的关系。各种畜禽生长、发育及其形成的畜产品，均有它自己特有的规律，而且其饲料转化比也不尽相同。因此，针对不同的养殖对象，研制出不同的最低成本饲料配合方案，以提高饲料边际投入，获得最大的产出效益。饲料报酬一般使用以下计算公式：

$$饲料转化率=\frac{畜产品产量(千克)}{饮料消耗量(千克)}\times 100\%$$

$$肉料比=\frac{饮料消耗量(千克)}{畜产品产量(千克)}$$

由于饲料和畜产品的种类很多，各种饲料的营养成分差别很大，很难直接评价其利用率的高低。因此，通常把各种畜产品产量和所消耗的饲料量换算成能量单位（焦耳），用饲料转化率指标来评价。

饲料转化率的高低反映了养殖业生产水平的高低，若饲料转化率高，则表明饲料利用充分，畜产品成本低，经济效益好，养殖业生产水平高。

（3）猪的饲养管理。仔猪饲养的基本要求是“全活全壮”，出生后一周内的仔猪，着重抓好成活。一是做好防寒保暖等护理工作；二是做好饲养工作，日粮以精饲料为主，饲料多样化。同时，要及时给母猪补饲料，以免影响仔猪的成活率。

育肥猪的饲养，育肥的基本要求：日增重快，在最短的时间内，消耗最少的饲料与人工，生产品质优良的肉产品。一般育肥方法有两种：一是阶段育肥法，即根据猪的生长规律，把整个育肥期划分成小猪、架子猪、催肥猪等几个阶段，依据“小猪长皮、中猪长骨、大猪长肉、肥猪长膘”的生长发育特点，采取不同的日粮配合。在最后催肥阶段，除加大精料量外，尽量选用青粗饲料。这种方法的优点：精饲料用量少，育肥时间长，一般在饲料条件差的情况下采用。二是直线育肥法，即根据各个生长发育阶段的特点和营养需要，从育肥开始到结束，始终保持较高的营养水平和增重率。此法育肥期短、周转快、增重多、经济效益好。

2. 专业化养鸡场生产管理

1)养鸡场的种类

现代化的养鸡场已发展成为专业化、系列化、大规模的生产家庭农场，根据不同的经营方向和生产任务，可分为专业化养鸡场和综合性养鸡场两种。

(1)专业化养鸡场。①种鸡场。种鸡场的主要任务是培养、繁殖优良鸡种，向社会提供种蛋和种雏。这类鸡场对提高养鸡业的生产水平起着重要作用。②肉鸡场，是专门提供肉用仔鸡的商品化鸡场，为社会提供肉用鸡。③蛋鸡场。专门饲养商品蛋鸡，向社会提供食用鸡蛋和淘汰母鸡。

(2)综合性养鸡场。综合性养鸡场集供应、生产、加工、销售于一体，生产规模大、经营项目多、集约化程度较高，形成联合家庭农场体系，是商品化养鸡业发展到一定阶段的产物。这种现代化养鸡场一般设有饲料厂、祖代鸡场、父母代鸡场、孵化厂、商品鸡场、屠宰加工厂等，为社会提供种鸡、种雏、商品鸡、分割鸡肉等产品，销往国内外市场。

2)饲养管理方式

喂饲是养鸡场最基本、最经常、最大量的生产工作。其要求：一是使鸡群得到良好的照管和喂饲，保证鸡群健康生长发育，提供大量的产品；二是节约饲料费用以及在喂饲方面的劳动消耗，不断提高饲料报酬率和劳动生产率，降低生产成本。

A. 饲养技术方式

饲养技术方式主要有平养和笼养两种。

(1)平养。又可分为地上平养、栅条平养、网上平养等方式。

地上平养，即在鸡舍地面上铺上垫料(锯末、砂土等)，使鸡在垫料上自由活动采食。这种方式简便易行，投资少，但饲养密度低，一般每平方米养肉鸡 8～10 只，蛋鸡 4～6 只。

栅条平养，即在鸡舍地面上一定高度用柳条或竹竿等铺架一层漏缝地板，把鸡养在栅条上。其优点是鸡床干燥，比较卫生，能就地取材，投资成本低，这种方式一般每平方米可养肉鸡 11～15 只，蛋鸡 7～9 只。

网上平养，是以金属网代替栅条作鸡床，虽然比较耐用，但投资较大。

(2)笼养。鸡群笼养是现代化养鸡的主要方式，按饲养工艺可分为开放式与密封式两种：开放式笼养，是以自然光照、自然通风换气为主；密封式笼养，是建造可以人工控制环境的鸡舍，使鸡舍保持一定温湿度和光照。笼养可以提高饲养密度和单位面积养鸡量，便于集中管理，减轻劳动强度，减少鸡群感染疾病的机会，提高集约化水平。但技术要求高，投资大，只有具备一定条件的养鸡场才能运用。

B. 饲养管理方式

饲养方式确定后，就要进行相应的劳动管理，即合理的劳动分工和人员配备，以保证正常喂饲工作的进行。养鸡场每天的喂饲工作包括一系列操作活动，这些操作是由不同工种的工人分工协作完成的。在专业化养鸡场中，饲养人员一般按鸡舍或鸡栏编组，分管一定数量的鸡群，以保证喂饲工作正常地进行。

3)养鸡场环境的控制

养鸡场环境，一般是对养鸡生产造成影响的多种外界因素的统称，包括养鸡场所处地域、养鸡场的设施装备、鸡舍内小气候和饲养密度等条件。

(1)场址选择。养鸡场是一座生物工厂，为保证鸡的健康生长：一是寻找空气新鲜、无病原菌污染的地方；二是有充足可靠的水源，最好是自来水或深井水；三是交通运输便利，包括陆运、空运；四是电力供应充足，要保证孵化、育雏、育成、产蛋舍的动力，以及饲养加工、抽水、照明等需求。

(2)温度控制。最适宜的温度是 18.3～23.5℃，一般在 13～29℃范围之内。高温会使蛋鸡饮水量增加、呼吸加快、体温升高、血钙含量下降，导致蛋壳变薄、鸡体重减轻、产蛋量减少、蛋的质量下降等。因此，炎热的夏季应设法降温，注意鸡舍屋顶的隔热性，加大通风量；在冬季要注意增温，晚上的喂料可以添加一些油脂，以增加热量，提高鸡的御寒能力。

(3)光照控制。产蛋鸡每天光照时间超过 11～12 小时，就能增加产蛋量，达到 14 小时后增产效果更为显著，一般规定产蛋期每天光照时间为 16 小时。但是光照的时间达到或超过 17 小时，对产蛋反而不利。光照变化的刺激作用一般在 10 天以后才能见效，所以从育成鸡光照程序改为产蛋鸡光照程序的适宜时间应在 20 周龄时开始，同时要相应改变饲料配方和增加给料量。延长光照时间通常采用三种方式：一是早晨补充光照；二是傍晚补充光照；三是早上和傍晚都补充光照。

(4)换气通风。由于鸡生长发育过程中要排泄粪便，吸入氧气，呼出二氧化碳，一般鸡舍有害气体较多，主要是氨、硫化氢和二氧化碳。因而，鸡舍的平面布置应根据饲养工艺、饲养阶段、喂料的机械化程度、清粪方式、通风设施等全盘考虑，使鸡舍有足够的新鲜空气，增加氧含量。

4)疫病防治

在集约化生产条件下，组织严格的疫病防治是保证鸡群健康成长，获得高产、高效益的重要措施。为此，要贯彻“预防为主”的方针，严格卫生防疫制度，实行预防接种，及时扑灭疫病，为鸡的健康成长创造良好的环境。为此主要做好以下工作：

(1)加强饲养管理，搞好清洁卫生。经常保持良好的鸡舍环境，饲养人员要搞好个人卫生，保持鸡体、饲料、饮水、食具及垫料干净，及时清除粪便，非饲养人员一律不得进入鸡舍。

(2)坚持消毒制度，定期接种疫苗。消毒是杜绝一切传染病来源的重要措施，消毒可采用机械消毒、物理消毒和化学消毒等方法，实行经常性消毒、定期消毒和突击消毒相结合。为了防止疫病的发生，可以根据所在地区鸡传染病种类和毒型，结合本场具体情况，制订免疫程序，定期进行各种疫苗的预防接种。

(3)尽量发现疫情，及时扑灭疫病。鸡场一旦发生传染病或疑似传染病时，必须遵循“早、快、严”的原则，及时诊断，尽快扑灭，对病鸡实行严格隔离，对健康的鸡要进行疫苗接种和疾病防治，对病重的鸡要坚决淘汰，死鸡的尸体、粪便及垫料等运往指定地点焚烧或深埋。

5)养鸡生产的周转

养鸡生产经过一个生产周期进入另一个生产周期，这种转换称为生产周转。其方式一般有以下两种：

(1)“全进—全出”制方式。即指一个鸡场饲养同日龄的鸡群，一起进场，在生产期满后一起出场。这种周转方式：一是可以最大限度地利用鸡的最佳生长时期，获得高产、高效益；二是可以组织严格的防疫。这种方式能最大限度地消灭场内的病原体，避免各种传染病的循环感染，也能使免疫接种的鸡群获得一致的免疫力。肉鸡生产多数采用这种周转制度。

(2)再利用方式。再利用方式是蛋鸡特有的周转方式，即在蛋鸡产蛋一周期后，通过强制换羽，使产蛋鸡休产一个时期，再进行第二个产蛋期的利用。有的还要进行第二次强制换羽进入第三个产蛋期。

三、家庭农场的农产品加工业生产管理

发展农产品加工业，可以增加农产品的科技含量和附加值，是增加农民和家庭农场收入的重要途径。农产品加工业具备良好的市场前景，随着科学技术的进步、农业产业结构的调整，农产品加工业在农村经济发展中将起着举足轻重的作用。

(一)农产品加工业生产过程管理

农产品加工生产过程，一般分为生产准备过程、生产过程组织等。

1. 生产准备过程

生产准备主要从两个方面进行：一是硬件设施；二是软件基础。

1)硬件设施

(1)加工原料配备。加工原料的配备是加工家庭农场最为繁杂又经常性的准备工作，就是各种农副产品原料的采购、运输和储备等工作。农副产品加工的主要原料包括粮、棉、油、糖、茶、肉、果、原木、草药、毛皮、各种野生动植物等，其中大多是鲜活产品，有的易腐、易损、不耐储藏。所以在生产

准备工作中，应选择灵活的采购方式、采购批量、运输方式和储备方式等，以保证加工品的质量。

(2)技术工艺工作。包括产品设计、工艺设计、技术图纸、工艺文件、新产品的试制等。只有不断地采用新技术、新加工工艺，坚持小批量、多品种、优质量的竞争策略，才能使家庭农场在激烈的竞争中立于不败之地。

(3)生产条件供给。根据加工家庭农场的生产车间、生产场地的作业面大小、设备要求，适当装配供电、供水、供气设施，以确保生产的不间断进行。

(4)质量检验体系。农副产品的加工制品，大多数是日常生活消费品，尤其是食品类产品，其质量优劣直接影响到人们的身体健康。因而，注重产品质量是提高家庭农场知名度和竞争能力的关键因素。

(5)安全保障措施。主要是家庭农场生产所必需的卫生检测、安全设备、劳动保护、消防器械等物品装置的准备。

新建的加工家庭农场，还要做好工程验收以及操作工人的技术培训等产前试操作工作。

2)软件基础

(1)组织规章制度。主要是根据家庭农场的生产规模、生产任务、产品特点的不同，制定相应的责任制度和规章制度。包括生产责任制、岗位责任制、安全规章等。明确家庭农场内部各级生产组织和各职能部门的权利、职责和利益。

(2)生产管理制度。包括劳动定额、物资储备定额、原料消耗定额、能源消耗定额等，并根据各生产单位的生产任务，将一定时期内所需要的劳动力、生产要素，通过合理配置，落实到各生产单位。

(3)家庭农场经营计划。包括年度生产财务计划、阶段作业计划、劳动用工计划、生产进度计划、原料供应计划等。

(4)生产操作规程(略)。

总之，生产过程的准备应有科学的预见性，既要估计家庭农场生产经营中可能出现的各种问题，又要预见科学技术的发展和市场需求的变化给家庭农场带来的影响。因为农副产品加工业大多数属于生活资料的生产行业，具有有机构成水平低、资金周转速度快、易于吸引闲置资金的特点，是一个竞争激烈的行业。

2. 生产过程组织

生产过程，是指直接改变劳动对象的物理和化学性质，使其成为家庭农场主要的产成品的直接加工、处理过程。生产过程是家庭农场生产经营全过程的中心环节，代表着家庭农场生产的专业化方向。

1)生产过程组织的要求

农副产品加工业生产，是运用现代工业生产技术和管理技术，在专业分工和协作基础上，采用多种工艺方法和使用多种机器设备的复杂的生产体系。基本生产的组织，就是要结合家庭农场生产技术条件、工艺性质、生产类型、生产任务量和家庭农场的专业化生产方向的特点，适应市场需求和生产发展的要求，确保基本生产过程的高效运行。

(1)生产过程的连续性。即产品生产过程的各个阶段、各道工序是相互衔接、有序地进行。劳动对象在一道工序被加工、处理完以后，立即被转送到下一道工序，使之处于不间断地被加工、检验和运输状态之中。在某些产品的加工中，还要借助自然力的作用，如风干、晾晒等环节。为了确保生产过程的连续性，要通过制订周密的作业计划，使人工加工过程同自然力处理过程相互衔接，避免不合理的中断。

(2)生产过程的比例性。基本生产过程的各个组成部分，即各道工序之间保持一定的比例关系，使每道工序的作业量大致均衡。随着生产的发展、品种的扩大、新工艺的引进、新材料的运用、管理制度的健全等因素变动，就必须对原来的比例进行适时的调整。

(3)生产过程的节奏性。即各个生产环节，在相等的时间间隔内，产出相等数量的产品，没有时紧时松、前松后紧、突然赶工的现象。简单地说，就是各工作环节都能均衡地负荷，均衡地出产品。

(4)生产过程的合理中断。某些农副产品加工业的某些生产工艺过程，需要借助于自然力的作用，使劳动对象发生物理或化学反应。如造酒业中的发酵过程、制药业中药草的晾晒过程等。这种变化过程的开始，即表示加工过程暂时中断，中断达到一定时间后，加工过程又重新开始。这种加工工艺特点，要求家庭农场注意生产过程的合理安排，以保证生产过程的连续性。

(5)生产过程的适应性，指家庭农场生产过程适应品种变化，产品升级换代，采用新技术、新材料的能力。这对家庭农场适应多变的市场需求、提高家庭农场竞争能力、提高家庭农场经营的稳定度是非常重要的。家庭农场要提高生产过程的适应性，就必须在购置设备、制定规划中，有长远打算，不能只顾眼前；要尽量采用先进的加工技术，以生产过程的适应性提高产品对市场的适应性，从而提高家庭农场的经济效益。

以上五项要求相互联系，相互制约，只有同时予以重视，才能保证基本生产过程高效有序运行。

2)生产过程组织的形式

生产过程组织的形式，一般有大量生产、成批生产和小批量生产三种。

(1)大量生产。在一段时间内重复生产一种或几种产品，其特点是产品的品种少、批量大、产量大，各工作场所固定地完成1～2道工序，专业化程度高。

(2)成批生产。在一段时间内重复生产较多种产品，其特点是产品的品种不太多，每种产品都有一定的数量，生产条件比较稳定，各工作场地需负担较多的加工工序，专业化程度不高。成批生产型又可根据工作场地所负担的工序多少和每种产品投入的批量大小，分为大批量生产、中批量生产和小批量生产。

(3)小批量生产。在一段时间内经常变换生产多种产品，很少重复生产同种产品。其特点是产品品种繁多，每种产品只有一件或几件，生产条件很不稳定，工作场所专业化程度很低，生产设备和技术工艺通用性强，所需的原材料多数按农副产品的收获期进行收购和加工。

3)生产过程组织的方法

任何工业家庭农场的生产过程的组织工作，都包括两个互相关联的方面，即生产过程的空间组织和时间组织。

A. 生产过程的空间组织。

生产过程的空间组织主要用来确定被加工处理的农副产品在生产过程中的空间运动形式，即生产过程各个阶段、各道工序在空间上的分布和原材料、半成品的运输路线。空间组织又必须与相应生产单位的组织形式相结合。

生产单位的组织形式，是指家庭农场的生产车间、班组的专业化形式。农副产品加工家庭农场内部生产单位(车间、班组)的设置，一般有三种基本形式：

(1)工艺专业化。按照生产工艺性质的不同来设置生产单位。优点：有利于充分利用生产能力和生产面积；有利于适应产品品种的多种变化；有利于进行工艺专业化的技术管理；有利于组织和指导同工种工人之间的相互学习和交流，提高技术水平。缺点：劳动对象（加工产品）在生产过程中运行的路线较长；运送原材料和半成品的劳动消耗量大；劳动对象在生产过程中停放时间长，积压在产品多；生产周期长，占用流动资金多；各生产单位的计划管理、在制品管理、质量管理等工作比较复杂。

（2）对象专业化。以产品为对象来设置生产单位，某产品的全部工艺过程能在一个封闭的单位内独立完成。不同产品，按工艺流程布置所需的设备，不同工种工人，采用不同的工艺方法，对同类对象进行加工，能独立制造一种产品。优点：有利于缩短生产路线，节约辅助劳动量；有利于减少在产品和资金占用量，缩短生产周期；有利于简化生产单位之间的协作关系，简化各项管理和产品成本核算工作。缺点：由于所用设备专业性能强，通用性能差，不利于充分利用设备和劳力；生产技术多样，不利于生产专业化；不适应产品品种多变的形势；等等。

（3）工艺专业化与对象专业化结合。它是指吸收上述工艺专业化与对象专业化的优点，按照综合性原则而形成的生产单位设置形式。这种设置综合了上述两种设置方法的优点，避免其缺点。

B. 生产过程的时间组织。

生产过程的时间组织，主要说明生产过程各工序之间的衔接协调，以尽量缩短生产周期。工序之间衔接的移动方式一般有三种类型：

（1）顺序移动方式，是指整批产品在上一道工序全部加工完成以后，才整批集中运送到下一道工序加工，形成整批产品在各道工序间相继移动。

（2）平行移动方式，是指一批产品中每一件产品在某道工序加工完成以后，立即转入下一道工序，形成产品在工作场所之间逐件移动。

(3)平行顺序移动方式，是前两种方式的结合，即加工产品在工作地之间的移动有两种情况：一是当前道工序加工单件产品的时间小于或等于后道工序加工时间，加工完一件(一批)就立即转移到下道工序，即按平行移动方式移动；二是当前道工序加工时间大于后道工序加工时间时，则等到前道工序加工完的在产品数量能够满足后道工序连续加工时，才将加工完成的产品转移到下道工序，即按是非曲直顺序移动方式移动。

从上述三种移动方式的分析中可以看到，采用顺序移动方法，生产过程中的组织工作比较简单，但有整个生产周期较长、资金周转慢、在制品积压多等缺点。采用平行移动方法，生产周期虽然较短，但由于产品加工的各道工序的劳动量往往是不相等的，劳动力和设备有时会出现空闲等待现象，造成停工待料。平行顺序移动方法，综合了上述两种方法的优点，但组织工作比较复杂。因此，家庭农场应充分考虑上述各种方式的优缺点，权衡利弊得失，根据本家庭农场的生产类型、生产规模及其特点，决定采用何种方式组织生产过程。

(二)农产品加工业生产质量管理

产品质量直接关系到家庭农场的兴衰。在经济全球化的今天，我国农产品加工家庭农场面临着一个竞争日趋激烈的国内外市场。只有在质量、品种、价格、售后服务等方面占有优势，家庭农场才能生存和发展。因此，质量管理是家庭农场经营战略的重要内容。

1. 产品质量标准

产品质量标准是指对产品品种、规格、质量的客观要求及其检验方法所作出的具体技术规定。它是家庭农场生产管理和处理质量纠纷的技术依据。它分为国际标准、国家标准、部颁标准和家庭农场标准四个等级。

1)国家标准

国家标准是指对全国技术经济发展有重大意义，必须在全国范围内统一执行的标准。一般用 GB（强制性国家标准）和 GB/T（推荐性国家标准）标识。

2)部颁标准

部颁标准是指对全国性的各专业范围内统一执行的标准，由各工业部门颁布并报国家标准化主管部门备案。

3)家庭农场标准

家庭农场标准是指家庭农场制定的标准，由家庭农场上级主管部门组织审批，并报本地区同级标准化管理部门统一编号和发布。国家标准、部颁标准、家庭农场标准三者有一定关系，家庭农场标准必须服从国家标准和部颁标准，不得与之相抵触。

4)国际标准

我国自 1978 年 9 月正式参加 ISO 后，积极参加了国际标准化活动。所谓国际标准，是指由某个国际组织经过一定的程序制定出来的标准。当今世界上人们提到的国际标准化活动，往往是指国际标准化组织(ISO)和国际电工委员会(IEC)所开展的活动。ISO9000 系列标准是世界通用的，并得到普遍承认的一种质量保证体系。ISO9000 系列标准共分五个部分，即 ISO9000、ISO9001、ISO9002、ISO9003、ISO9004。

【知识链接】

国际标准化组织的前身是国家标准化协会国际联合会和联合国标准协调委员会。1946 年 10 月，25 个国家标准化机构的代表在伦敦召开大会，决定成立新的国际标准化机构，定名为 ISO。大会起草了 ISO 的第一个章程和议事规则，并认可通过了该章程草案。1947 年 2 月 23 日，国际标准化组织正式成立。

国际标准化组织(International Organization for Standardization)，简称 ISO，是一个全球性的非政府组织。“ISO”与国际标准化组织全称的缩写并不相同，其实，“ISO”并不是其全称首字母的缩写，而是一个词，它来源于希腊语 isos（意为“相等”）。从“相等”到“标准”，内涵上的联系使“ISO”成为组织的名称。

ISO 宗旨：在全世界促进标准化及有关活动的发展，以便于国际物资的交流和服务，并扩大知识、科学、技术和经济领域中的合作。

ISO 是一个国际标准化组织，其成员由来自世界上 100 多个国家的国家标准化团体组成，代表中国参加 ISO 的国家机构是国家质量监督检验检疫总局。ISO 与国际电工委员会(IEC)有密切的联系，中国参加 IEC 的国家机构也是国家质量监督检验检疫总局。ISO 和 IEC 作为一个整体担负着制定全球协商一致的国际标准的任务，ISO 和 IEC 都是非政府机构，它们制定的标准实质上是自愿性的，这就意味着这些标准必须是优秀的标准，它们会给工业和服务业带来收益，所以他们自觉使用这些标准。ISO 和 IEC 还有约 3000 个工作组，ISO、IEC 每年制定和修订 1000 个国际标准。

(1)ISO9000 是系列标准选用准则，主要阐述质量术语基本概念之间的关系、质量及合同环境中质量体系国际标准的应用。

(2)ISO9001 是开发、设计、生产、安装和服务的质量保证标准。它包括了家庭农场全部活动总的标准。该标准阐述了从产品设计、开发到售后服务全过程中的质量体系标准。要求能够向需求方提供从合同评审、产品设计直到售后服务都具有严格控制能力的足够证据，以保证设计、开发、生产、安装和售后服务的各个环节都符合规定的要求。

(3)ISO9002 是生产和安装的质量保证标准。该标准阐述了从原材料采购开始直到产品交付需求方为止的生产过程中的质量体系标准。要求能够向需求方提供对生产过程具有严格控制能力的足够证据，以保证在生产和安装阶段符合规定要求，并采取措施以避免不合格现象重复出现。

(4)ISO9003 是最终检验和试验的质量保证标准。该标准阐述了从产品最终检验直到产品交付给用户的成品检验和试验的质量体系标准。要求向需求方提供对产品最终检验和试验具有严格控制能力的足够证据，以保证在最终检验和试验阶段符合规定要求，并对不合格项目加以处理。

(5)ISO9004 是质量管理体系要素的指南，是非合同环境中用于指导家庭农场管理的标准。该标准阐述了非合同环境中的质量标准。要求对质量基本要素的含义、目标和各项质量管理活动的内容、要求、方法、人员及有关的文件、记录都作出明确的规定，对影响产品质量的技术、管理和人员等因素的控制提供全面的指导。对于家庭农场质量管理而言，ISO9004 是 ISO9000 系列标准中最适用的一个标准。

2. 生产过程的质量控制

生产过程的质量控制，是实现产品开发设计意图，形成产品质量的重要环节，是实现家庭农场质量目标的重要保证。为此，家庭农场必须抓好生产过程中的每一个环节的质量，严格执行并全面达到质量技术标准和管理标准。

1)技术准备过程的质量控制

技术准备过程质量控制的目的，是使正式生产过程能在受控状态下进行。因此，家庭农场必须重点抓好以下四个方面的质量控制活动。

(1)质量控制策划。质量控制策划，是对质量计划、体系文件和程序文件作出明确规定，对影响生产过程的质量因素，即人、机、物料、工艺方法、生产环节等因素加以系统控制的活动，包括制定质量统计与检验技术规程，控制和优化工艺流程，建立过程检验和最终验证报告制度，制定和形成适宜的清洁和防护程序文件，研究改进生产过程质量的新方法，等等。

(2)过程能力控制。在技术准备过程中，应对过程能力是否符合产品规范进行验证。过程能力的验证包括材料、设备、计算机系统及其软件、程序、人员和相关作业。

(3)辅助材料、设施、环境的验证。即对辅助材料和设施，如生产用水、压缩空气、电源、化学用品等的控制和定期验证；对湿度、温度和卫生等生产环境进行控制和验证。

(4)搬运控制。产品搬运要有适当的计划、控制，即对材料、在产品、最终产品等的搬运，按规定制度执行。产品搬运应正确地选择和使用货盘、容器、传送装置和运输工具，以保证产品在生产或交付过程中，避免由于振动、撞击、磨损、腐蚀、温度或任何其他情况造成的损坏或变质。

2)基本生产过程的质量控制

基本生产过程的质量控制，是指从投料开始生产到制成产品形成的整个过程的质量控制。

A. 过程控制的内容。

(1)技术文件控制。制造过程所使用的技术文件必须是现行有效的文本，应做到正确、完整、协调、统一、清晰、文图相符。

(2)过程更改控制。严格执行过程更改批准程序，每次过程更改后，及时进行评价，验证所作的更改是否对产品质量产生预期的效果；还应将由过程更改而引起的产品特性变化形成文件，通知有关部门。

(3)物料控制。进入制造过程的材料和零部件均应符合规定的质量要求，代用物料必须按规定办理审批手续；制造过程中的物料应合理堆放、隔离、搬运、储存和保管，防止磕碰、划伤、变质、混料等，以保持其使用性。

(4)设备控制。所有设备在使用前，应按规定进行验证、验收，确保设备技术状态良好，特别注意制造过程中特用的计算机以及软件的维护；制订预防性维修保养计划，以确保设备持续利用的能力。

(5)人员控制。各生产过程的操作人员、检验人员都必须掌握必备的知识、技能和相关技术。

(6)环境控制。提供适宜的加工环境，满足工艺技术的要求，遵守环境保护的有关法规。

B. 最终产品的验证。

产品质量验证的基本功能是“鉴别、把关和报告”验证产品质量的符合性，即通过对产品的鉴别、把关，将产品验证报告及时反馈到决策部门，以便对产品生产过程或质量体系采取修正措施。

3)辅助服务过程的质量控制

辅助服务过程主要包括物资供应、设备维修保养、工具制造与供应、燃料动力供应、仓库保管、运输服务等环节。

(1)物资供应的质量控制。物资供应过程质量控制的任务，是保证所供应的物资符合规定的质量标准，按质按量，及时供应，合理储备。为此，必须对入库前的物资进行严格质量检验和验收工作，加强物资的储存管理。

(2)设备的质量控制。对生产设备的购买、验收、安装、使用、维护保养、定期检修进行严格控制，确保其技术状态完好、性能稳定。

(3)工具、量具、工装供应的质量控制。工具、量具、工装大多数使用的时间较长，为了对其进行有效的质量控制：第一，必须建立专门机构，进行监督控制；第二，严格工作程序，把握质量标准，如量具的验收、保养、发放、鉴定、校正和修理等过程，要符合规定的程序要求。

第六节　家庭农场产品的物流配送程序

一、分级和包装

对已经建立农产品可追溯体系的产品，第一种情况是直接对农产品进行分级，第二种情况是对存储在冷库内储存箱中的农产品进行分级。无论哪一种分级，都必须对不同地块或大棚的农产品分别进行分级，以免混淆。

分级包装完成后，农产品的可追溯码后面就增加了有关加工信息的代码，即加工代码。加工代码由 3 段组成：①代码名称，这里用 JG，即“加工”拼音的第一个字母；②批次，即当日加工的批次，建议用 4 位阿拉伯数字；③加工日期。如果是 2010 年 10 月 30 日加工的第十批次的农产品，可以写成：JG 0010101030。生产代码加上加工代码，就成为完整的农产品可追溯代码。加工代码可以用粘贴纸贴在装货的纸箱外(筐上挂标签)，完成后需要立即登记。

二、发货

家庭农场接到超市、酒店、经销商的订单后，需要准备发货。与农产品可追溯体系有关的发货工作有两部分：一是在包装箱或者装货筐上面贴上农产品可追溯条码，二是把农产品可追溯相关的信息传送给超市。

在准备发货的同时，家庭农场需要把登记的发货信息发送给超市的物流配送中心。相关的信息填在表格内，以传真或其他方式发送给超市。表格的设计如表 5-11 所示。

表 5-11　家庭农场的信息表

批次	品名	等级	规格	可追溯编码	箱筐数(只)	总重(千克)	备注
1							
2							
3							
4							
合计							

三、配送

家庭农场的加工车间到超市的物流配送中心之间的距离，需要通过长途货运来解决。最好的方案是合作社有自己的货运卡车。可在起步阶段，一般的合作社不太可能有足够的经济实力来购置货运卡车，主要还得依靠专业的物流公司。

需要注意的是，同普通的农产品相比较，建立可追溯体系的农产品在生产过程中往往投入的人力和物力大，成本高。为了避免运输过程中无谓损耗和意外状况影响农产品的质量，家庭农场应该尽可能寻找注册资本大、信用度高、运输经验丰富的物流公司。

在农产品装车的时候，需要把同一个可追溯编号的农产品集中在一起，以便于在卸货的时候也可以集中，减少采购商挑选货物的时间。因为超市、采购商需要给农产品做小包装，并在包装上打上可追溯编码，以便顾客查询。

家庭农场需要准备货物清单两份：一份由货运卡车驾驶员转交给超市物流配送中心的收货员，另一份贴在开门即可见到的货物纸箱上。这份清单将跟随货物，直接张贴在库房货堆上，提供给开箱分装人员使用。货物清单的格式与表 5-11 基本相同。

四、交付

货物交付，即装货卡车到达超市、采购商的物流配送中心后，由司机把《订单确认表》、《装货确认表》以及上文提到的货物清单交给物流配送中心的收货员，然后收货人员验收货物。收货员在收货单上签字以后，整个从田头到市场物流配送中的农产品可追溯体系程序宣告完成。

模块六　家庭农场经营管理分类

第一节　家庭农场的制度管理

一、家庭农场如何制定内部规章制度

古人云："没有规矩，不成方圆。"规矩是人类生存与活动的前提与基础，人们总是要在规与矩所成形的范围内活动。世间万事万物都有规矩，小到日常生活，大到国家大事。家需要有家规，行需要有行规，国需要有国法。大到国家的法律法规，小到家庭农场制定的《守则》和《规范》。作为家庭农场，虽然有农场主的言传身教，有长期形成的家风家规，但是作为企业式来运营，就必须有一个合乎组织发展目标的规范，只有这样才能让家庭农场更好地发展与进步。

规章制度是管理的需要。规章制度一般是针对已经发生或容易发生的问题制定的，是管理实践的需要，而不是人的主观想象。没有控制的管理就不是管理，所以，管理要借助于制度来进行控制。家庭农场有了制度一定要按照制度执行，如果朝令夕改，或者制度仅仅针对某一个人或者几个人，就失去了制定制度的必要性，而且将来再制定规章制度也就没有人相信了。

家庭农场需要什么样的内部规章制度呢？一般需要《家庭农场员工规范》《人事制度》，其中包括：培训、入职、考勤、

请假、工资保险福利等制度，《财务制度》《车辆管理制度》《公章及合同管理规定》《办公用品领用制度》《车费报销制度》等，按照农场不同的发展阶段，需视具体需要建立一些具体的制度。

二、家庭农场的发展规划

著名经济学家舒尔茨认为，同企业家一样，农民也是利润最大化的追求者。农民的行为选择，完全符合经济学的理性原则。农民"'首先是一个企业家，一个商人'……他购买自己能买得起的东西时非常注意不同市场上的价格，他认真地计算其生产用于销售或家庭消费的谷物时自己劳动的价值，并与受雇工作时的情况加以比较，然后根据计算与比较再行动"[①]。他更激情地指出：传统农民缺乏的不是经济理性，而是廉价的有效投入。"一旦有了投资机会和有效的激励，农民将会点石成金。"所以，农民，尤其是家庭农场主从来就是企业家，具备企业家的精神。做好企业的管理，当然要学会做计划。

美国著名管理学家哈罗德·孔茨说过："计划工作是一座桥梁，它把我们所处的这岸和我们要去的对岸连接起来，以克服这一天堑。"建设家庭农场并非短期项目，需要做长期的规划，也需要将长期规划分解为各种短期的计划。作为一个家庭农场的管理者，要明白做计划工作是管理活动的桥梁，是组织、领导和控制等管理活动的基础。家庭农场生产经营、市场营销等所有活动均离不开计划。计划工作具有普遍性和秩序性，计划工作是所有管理人员的一种重要职能。而且对于发展中的家庭农场而言，制订一个富于理想而且可以实现的计划，不仅对家庭成员具有激励作用，也可以提高雇员的士气。

---

① 西奥多·W. 舒尔茨. 改造传统农业[M]. 北京：商务印书馆，1999.

做一份好的计划，需要有五项内容，人们称之为“5W1H”，包括做什么？（What 目标与内容）；为什么做？（Why 原因）；谁去做？（Who 人员）；何地做？（Where 地点）；何时做？（When 时间）；怎样做？（How 方式、手段）。

做一项计划的步骤有四个部分，第一是确定目标；第二是认清现在：环境研究(外部环境和内部环境的研究)；第三是研究过去：过去决策可能带来的影响并发现其规律，然后是预测并有效地确定计划的重要前提条件；第四是拟订和选择可行的行动计划，步骤是拟订备选方案、比较和评价备选方案、确定选择原则、选定满意或合理方案。

关于如何做好计划，有目标管理法，有滚动计划法，也有网络计划法。这里我们主要介绍的滚动计划法，其基本思想是一种将短期计划、中期计划和长期计划有机地结合起来，根据计划的执行情况和环境的变化情况，定期修订未来计划并逐期向前推移的计划制定方法。

具体做法：在制订计划时，同时制订未来若干期的计划，计划内容近细远粗；在计划期的第一阶段完成以后，根据实际情况与计划进行比较并分析原因，然后修订计划使之向前滚动一个阶段，以后根据同样的原则逐期滚动。比如 2014 年，我们做 2015～2020 年的五年计划，当计划进行到 2015 年年底的时候，我们可以再做 2016～2021 年的五年计划。这样制定的计划才会符合实际情况，使短期计划、中期计划和长期计划相互衔接，可根据变化及时调整，使各期计划基本一致，又大大增强了计划的弹性，提高了农场对环境的应变能力。

【经典案例】

山东人兴办莱州市曙光家庭农场

刘举林是山东省烟台莱州市程郭镇前武官村的村民，也是当地人眼中一个"很有想法的'小诸葛'"。他是山东省烟台市第一个拿到家庭农场营业执照的"农场主"。记者联系采访时，他正在海南旅游。按照计划，海南旅游结束后，他将直接乘飞机到青岛，向青岛已经略显成熟的农场借鉴经验。

"现在是我最闲的时候。"他说，"家庭农场的经营执照刚申办下来，已经请了规划局的专家做规划方案，等方案做好后，别说出来散心，就算应付其他的杂事，恐怕也很难抽出时间。"

申办家庭农场的营业执照并不复杂，但前提是必须已经租到了土地，且有足够有力的经营场所证明——土地租赁合同。

刘举林带着包括土地租赁合同在内的相关资料，来到程郭镇工商所提出注册家庭农场的想法，但工商所从来没有办理过这样的手续，"工商所的领导还请示了上级，得到的答复是'可以办'。"

当天下午，他就拿到了营业执照，农场的注册资金为1500万元，这是他做矿山生意攒下来的。

但直至拿到营业执照，刘举林租赁的1440亩土地仍然在荒废着，只有租来的420亩水库里放些鱼苗，尽管他拥有这些场地的使用权已有三年。对这个家庭农场要怎么规划和经营，他的心里也没底。

2010年，刘举林就将420亩的水库承包下来。"那时候水库都干了，里面没一点水，荒废挺可惜的。"他说："我租下来以后，第一年，水库就有水了，总感觉其冥之中需要我去做点什么。"

次年，他又开始大面积承包荒山和耕地。村里的耕地按照土壤的肥沃程度，分为四个等级，他租的这片耕地，就是最贫瘠的四等土地，这里不适合大面积种植粮食，因为得不到好的收成。"在肥沃的土地上，假如种植一种农作物能有1000千克的收成，换到这片土地，也只能收到三五百斤，除去成本，辛苦钱都不够。”

这里也没有像样的道路，农业机器无法进入，从耕种到收获，都要凭借自己的双手。“村民的地都不愿意种，”他说。

刘举林跟村民签了 30 年的合同，一亩地一年需要付 200 元租金，每三年付一次，这是一笔不小的支出，每三年的租金要超过 100 万元。

土地依然荒芜，也只能荒芜，因为浅薄的土层太过贫瘠，“山上最薄的土壤厚度只有十几厘米”，这是刘举林遭遇的第一个难题。

他不知道这些土地适合用来做些什么，唯一的办法就是让土地变得肥沃，这需要翻新土地和填土。

有时候，刘举林会站在荒地上，指点着他未来的农场，“别看现在只有一片荒山，几年后，这些土地上就会成为有机果蔬的生产基地”。

他打算在这片土地上种植 6～8 种果树，种类不算多，但规模已不小，有机种植是他预想的目标，“蔬菜、水果是生活中不可缺少的东西，而且现在大家越来越重视生态环保和农产品的质量”。然后就是修路，路旁再种上风景树，水库和土地外围种上 2 万棵黑松。

这是他的初步构想，规划局的规划方案做出来之前，他不会“轻举妄动”。他说：“没有整体的计划，我不会盲目去做。”

当然，他也已经意识到，在未来五年之内，农场不可能为他带来多大收益，“等果树苗长成结果，也需要三五年时间”。他说，他只能把做矿山生意挣来的钱，不断投入到农场里。

一切都需要等规划方案出来，这是烟台市第一家家庭农场，没人知道具体该怎么做，也没有具体的指导政策，这是一个空白区。

可以预见的是，这一纸经营许可证，将为刘举林带来不少实惠，“有了这个营业执照，不但我经营农场的合法地位得到了确认，我还可以刻自己家庭农场的公章，在贷款、保险、签合同订单、注册商标等方面都能享受到更多的优惠政策”。他说。

尽管具体的优惠政策还没下来，但他已经得到地方政府的承诺，“他们都说了，有需要的地方，政府会给予支持”。工商部门近年来也出台了不少扶持中小企业和个体户发展的措施，在家庭农场这个问题上基本都能派上用场。

等到农场建成后，刘举林还打算成立一个研究所，用来研究其他成功的农副产品品牌，然后，用研究出来的成果，指导自己打造出一个新的品牌。

但在农场建成以前，他需要不断向别人吸取经验，“过几天去青岛考察，应该会有很多收获，那里有些农场已经发展成熟”。

第二节　家庭农场的劳动合同管理

一、家庭农场的劳动关系管理

（一）家庭农场的雇工

家庭农场的建立和发展是一个长期的过程，家庭农场的正常营运不仅需要雄厚的资金、适度的土地规模和优秀的经营人才，还需要大量的劳动力。据统计，2011 年全国乡村人口数为 6.5656 亿人，但第一产业从业人员仅为 2.6594 亿人，占乡村人口数的 40.5%[①]。非农人口的增加给土地流转带来可能，

① 国家统计局农村社会经济调查司. 中国农村统计年鉴[M]. 北京：中国统计出版社，2012.

土地流转形成了家庭农场规模扩大的条件。

一般情况下，具有一定规模的家庭农场都需要雇用一定数量的常年农工和大量的短期农工，规模越大则雇用农工数量越多。农业部的一项统计显示，当前平均每个家庭农场有劳动力6.01人，其中，家庭成员4.33人，长期雇工1.68人。比如，东部沿海的省、市、区从事农业的人口比较少，家庭农场的规模比较大。据对浙江省13市(县、区)136个家庭农场的典型调查，平均每个家庭农场雇用常年农工4.72人、短期农工50.21人。家庭农场用工问题将成为影响家庭农场未来发展的一个重要因素。目前，家庭农场在用工方面主要存在六大问题。

1. 招工难，且来源不稳定

随着城镇化和工业化进程的加快，大量农村劳动力转移到城镇和企业，农业劳动力短缺问题越来越严重，导致家庭农场招工越来越困难。而且由于外出务工人员流动频繁，产生雇工群体的不稳定性，无形中增加了家庭农场雇工成本。

2. 劳动力成本大幅度上涨

近年来，由于受物价上涨等因素的影响，家庭农场雇用工人的工资不断攀升。东部地区家庭农场雇用的短期女性老年劳动力的日工资为90～100元，短期男性老年劳动力的日工资为120～150元，长期雇用的人工月工资为2500～3000元。劳动力成本的大幅度提升，导致家庭农场的利润空间变小，既影响了家庭农场的效益提高，也影响了家庭农场的规模扩张。

3. 雇工的素质较低

目前留守在广大农村的劳动力大多为老年人，因此，家庭农场在用工上已经没有可供选择的余地，只能雇用年迈体弱的老年劳动力。这些雇工大多受教育程度较低，接受农业新技术和新技能的能力比较薄弱，无疑不利于家庭农场的发展。从理论上讲，可以用“机器换人”的办法解决家庭农场的用工问题，但现实条件尚未具备。据调查，目前，除经营水稻的家庭农场可全程采用机械化作业外，水果、蔬菜等生产生鲜产品的家庭农场普遍难以采用机械装备进行生产活动。若不能尽快提高农业机械化程度，家庭农场用工难的问题将会更加凸显。

4. 用工形式和劳动关系更为复杂

这主要表现为家庭农场用工形式和就业人员来源更为多样。家庭农场用工形式既包括全日制员工，也包括季节工、小时工等，就业人员除了当地农民，还包括相当一部分实习学生、下岗再就业人员、退休返聘人员等。这些人员体现出更多的临时性、灵活性等用工的特征。相当多的家庭农场聘用的人员大多为附近的农民。他们“穿起制服是农场工人，回家当农民种地”，“闲时上班，忙时务农”，体现出较为明显的季节性用工特征。不同的来源也使劳资关系更为复杂。这其中，既有属于劳动法、劳动合同法规范的劳动关系，也有暂时尚未明确适用劳动法、劳动合同法规范的其他雇佣关系。一旦发生劳资纠纷，处理起来难度将更大。

5. 工作和休息时间等介定不明确且执行比较随意

家庭农场主要从事农业生产活动，农业生产具有自身特性，工作时间非常灵活，工作时间和休息时间界限比较模糊。在播种收秋时节，更是加班加点，连日不休。对于家庭成员而言，灵活的工作时间毫无问题。但是，对于雇工来讲，按照现有法律法规标准来看，员工超时劳动已经违反劳动法。劳动保护，特别是女职工特殊保护规定落实较差。女职工在经期、孕期、产期、哺乳期，关于其劳动权益的保护也比较少。

6. 社会保障问题比较突出

家庭农场用工形式和就业人员来源多样，雇用的长期工中农民有农村新型社会养老保险、新型农村合作医疗；部分实习学生没有保险，部分地区有实习保险；退休返聘人员已经享受城镇职工保险等，所以家庭农场的大多数人员都未参加养老、医疗、失业保险。但是，如果将家庭农场作为中小企业对待的话，社会保障体系的缺少，给家庭农场经营带来非常大的问题。

(二)家庭农场雇工需要注意的问题

目前，我国农村主要实行以家庭为单位的联产承包责任制，而且家庭农场中的农业劳动多以家庭的组织形式进行，国家对家庭内的劳动关系不予干预。但是，随着家庭农场生产规模的进一步扩大，可能就需要从外面雇工。扩大雇用劳动力过程中就涉及了《中华人民共和国劳动法》和《中华人民共和国劳动合同法》(以下简称《劳动法》和《劳动合同法》)的相关内容。

首先为了避免用工风险，毫无疑问要从雇工招聘上进行选择。农业生产的特点是经验占的比重比较大，因此，要选择有劳动经验的、年轻力壮、身体健康的劳动者。

其次作为家庭农场主，要特别注意劳动合同的签订和履行。当前不少农民拒绝签订书面劳动合同，也不愿意家庭农场主为自己上社会保险，他们说："保险对他们没用，多给点钱就行。"有的家庭农场为了规避风险，与雇工签署了"员工自愿不参保协议"。但是不签劳动合同、不上保险都是违法的，签署的"员工自愿不参保协议"也是无效的，所以必须了解和遵守《劳动法》和《劳动合同法》的相关内容。

1. 劳动者的权利与义务

《劳动法》第 2 条规定，劳动者享有平等就业权、取得报酬的权利、获得劳动安全卫生保护的权利、提请劳动争议处理的权利以及法律规定的其他劳动权利。也就是说家庭农场主在雇用劳动者时，必须为劳动者满足以上条件。

2. 劳动争议解决途径

《劳动法》第 77 条规定，用人单位和劳动者发生劳动争议，当事人可以依法申请调解、仲裁、提起诉讼，也可以协商解决。

3. 签订劳动合同

《劳动合同法》第 2 条规定，中华人民共和国境内的企业、个体经济组织、民办非企业单位等组织(以下称用人单位)与劳动者建立劳动关系，订立、履行、变更、解除或者终止劳动合同，适用本法。第 10 条规定，建立劳动关系，应当订立书面劳动合同。已建立劳动关系，未同时订立书面劳动合同的，应当自用工之日起 1 个月内订立书面劳动合同。用人单位与劳动者在用工前订立劳动合同的，劳动关系自用工之日起建立。

因此家庭农场内的劳动者不签订劳动合同，出现风险等法律后果，只会转嫁给雇用工人的用人单位。也就是说，家庭农场如果与劳动者建立劳动关系，要符合劳动合同法的规定，务必签订劳动合同。

解除劳动合同也是一样，《劳动合同法》第 37 条规定，劳动者提前 30 日以书面形式通知用人单位，可以解除劳动合同。劳动者在试用期内提前 3 日通知用人单位，可以解除劳动合同。劳动者本人也要遵守劳动合同的规定。

4. 经济补偿

有一些情况，比如用人单位与劳动者协商一致，并与解除劳动合同的，还要给予劳动者经济补偿。经济补偿按劳动者在本单位工作的年限，每满 1 年支付 1 个月工资的标准向劳动者支付。6个月以上不满1年的，按1年计算；不满6个月的，向劳动者支付半个月工资的经济补偿。

二、家庭农场涉及的合同法

家庭农场在生产过程中会面临购买生产资料的情况，在农产品成熟时还会面临与他人订立合同进行买卖，这就要求我们了解一些有关《中华人民共和国合同法》(以下简称《合同法》)的相关规定。

首先，合同订立时应遵循平等、公平、自愿的原则。《合同法》第3条至第8条规定，订立合同必须遵循双方地位平等原则，合同自由原则，公平规定权利与义务原则，诚实信用原则，依合同履行义务原则。同时，还要看合同双方是否具有订立合同的能力。《合同法》第9条规定，当事人订立合同时，应当具有相应的民事权利能力和民事行为能力。民事权利能力是指法律规定民事主体享有民事权利和承担民事义务的资格。公民的民事权利能力始于出生，也就是说我们每个人都具备民事权利能力。然而，公民的行为能力是由年龄和精神状况决定的。在我们订立合同时谨防由于合同一方的民事权利能力和民事行为能力的不完善，而产生无效合同或可变更、可撤销合同，从而影响家庭农场的正常生产经营。

其次，合同的形式。《合同法》第10条规定，当事人订立合同，有书面形式、口头形式和其他形式。家庭农场经营者应该采用书面形式签订合同，这样可以避免日后产生一些纠纷、冲突时，书面合同可以作为证据依据主张自己的合法权利。

最后，合同订立后，合同双方都有按时履行合同的义务，合同一方如有违约责任，合同双方可以通过和解或者调解解决合同争议。当事人不愿和解或者调解的可以向人民法院起诉。

第三节 家庭农场的认证管理

家庭农场保证农产品生产质量，不仅可以促进农场增效、家庭增收，而且有助于自身的可持续发展。家庭农场具有提高农产品质量安全的经济动力，也具有提升农产品质量的条件。

进行农产品的“三品一标”认证是农产品标准化、家庭农场进行绿色管理和绿色营销的重要措施。“三品一标”认证是指无公害农产品、绿色食品、有机农产品和农产品地理标志。通俗一点说就是，农产品地理标志主要说明农产品来源于特定地域。无公害农产品、绿色食品、有机食品都是经质量认证的安全食品；无公害农产品是绿色食品和有机食品发展的基础，绿色食品和有机食品是在无公害农产品基础上的进一步提高；无公害农产品、绿色食品、有机食品都注重生产过程的管理，无公害农产品和绿色食品侧重对影响产品质量因素的控制，有机食品则侧重对影响环境质量因素的控制。

一、建立地理标志农产品注册

农产品地理标志，是指标示农产品来源于特定地域，产品品质和相关特征主要取决于自然生态环境和历史人文因素，并以地域名称冠名的特有农产品标志。此处所称的农产品是指来源于农业的初级产品，即在农业活动中获得的植物、动物、微生物及其产品。地理标志，就像是涪陵榨菜、金华火腿、奉节脐橙一样，一看到农产品就让人想到某一具体的生产地区，这一地区决定了产自该地的产品所具有一些风味独特、广受欢迎的特质。

农产品的品质和声誉来自该地。这些品质是由产地决定的，因此，产品与原产地之间存在一种特有的规定“联系”。因为家庭农场一般是生产食品的初级产品，所以可以获得农产品的地理标志。

根据我国《农产品地理标志管理办法》规定，如果家庭农场想要获得农产品地理标志，应该去省级人民政府农业行政主管部门进行登记申请。

消费者把地理标志理解为代表产品原产地和品质的标记。许多地理标志已获得了富有价值的声誉。如果不对其加以适当保护，那么从事不正当商业行为的人就可能从中进行鱼目混珠。未经授权的当事方以虚假方式使用地理标志的行为，有损于消费者和合法生产者的权益。消费者会受到蒙骗，误以为他们所购买的是具有特殊品质和特点的真货，而实际上他们所购买的是一种毫无价值的赝品。合法生产者也会蒙受损失，因为别人抢走了他们有价值的生意，同时也损害了其已得到公认的产品声誉。

商标是企业为使其商品和服务有别于其他企业所使用的一种标识。商标注册人具有排除他人使用该商标的权利。而地理标志则是告诉消费者一件产品是在某地生产并具备某些与该生产地有关的特性。在地理标志所指的地方生产其产品，并且其产品共有特殊品质的所有生产者均可使用这一地理标志。地理商标一般在一定的地区内生产特定农产品的商户都可以使用。

二、无公害农产品如何认证

家庭农场在交易活动中，产品质量是关键。但要保证农产品的质量，就应对农产品的生产和流通制定相应的种植标准和操作规范，形成一整套农产品标准体系作为农产品流通的“通行证”。这样既可以减少交易环节，还可以建立追溯体系，保障农产品的质量安全。可是，目前由于受农产品的品种繁多、生产分散和技术落后等因素的影响，我国农产品还没有形成完善的标准体系，直接影响农场的市场开拓。

无公害农产品与绿色产品和生态产品相比，是最低的一个等级认证，但也是农产品质量安全管理的重要内容。无公害食品是按照相应生产技术标准生产的、符合通用卫生标准、并经有关部门认定的安全食品。严格来讲，无公害是食品的一种基本要求，普通食品都应达到这一要求。其中的农药残留、重金属、亚硝酸盐等有害物质的含量都应控制在国家允许的范围内，人们食用后才不会对健康造成危害。家庭农场按照无公害农产品生产质量控制措施，从组织领导、技术措施、投入品管理、产地保护和产品检测等多个方面，严格按无公害农产品技术规程进行操作，使产地环境和产品达到了真正意义上的无公害农产品，这是家庭农场开始进行绿色管理和绿色营销的起步条件。

农产品质量认证始于 20 世纪初美国开展的农作物种子认证，并以有机食品认证为代表。到 20 世纪中叶，随着食品生产传统方式的逐步退出和工业化比重的增加、国际贸易的日益发展以及食品安全风险程度的增加，许多国家引入“农田到餐桌”的过程管理理念，把农产品认证作为确保农产品质量安全和同时能降低政府管理成本的有效政策措施。于是，出现了 HACCP(食品安全管理体系)、GMP(良好生产规范)、欧洲 EurepGAP、澳大利亚 SQF、加拿大 On—Farm 等体系认证，以及日本 JAS 认证、韩国环境农产品认证、法国农产品标识制度、英国的小红拖拉机标志认证等多种农产品认证形式。我国农产品认证始于 20 世纪 90 年代初农业部实施的绿色食品认证。2001 年，在中央提出发展高产、优质、高效、生态、安全农业的背景下，农业部提出了无公害农产品的概念，并组织实施“无公害食品行动计划”，各地自行制定标准开展了当地的无公害农产品认证。在此基础上，2003 年，实现了“统一标准、统一标志、统一程序、统一管理、统一监督”的全国统一的无公害农产品认证。20 世纪 90 年代后期，国内一些机构引入国外有机食品标准，实施了有机食品认证。有机食品认证是农产品质量安全认证的一个组成部分。另外，我国还在种植业产品生产推行 GAP（良好农业操作规范）和在畜牧业产品、水产品生产加工中实施 HACCP 食品安全管理体系认证。

通过无公害农产品认证，采取产地认定与产品认证相结合的模式，运用了从“农田到餐桌”全过程管理的指导思想，强调以生产过程控制为重点、以产品管理为主线、以市场准入为切入点，一方面，保证百姓日常生活中离不开的“菜篮子”和“米袋子”产品的消费安全；另一方面，由于这个认证推行“标准化生产、投入品监管、关键点控制、安全性保障”的技术制度，从产地环境、生产过程和产品质量三个重点环节控制危害因素含量，保障农产品的质量安全，促进农产品质量提升，能够获得购买方的青睐和价格方面的优惠。

要想获得无公害农产品认证，家庭农场应该作为申请主体，具备国家相关法律法规规定的资质条件，具有组织管理无公害农产品生产和承担责任追溯的能力。申请人可以直接向所在县级农产品质量安全工作机构（简称“工作机构”）提出无公害农产品产地认定和产品认证一体化申请。

【经典案例】

河南省焦作市民办家庭农场　种植绿色无公害农作物

河南省焦作市民申芳流转 500 亩土地办家庭农场，种植绿色无公害农作物、养土鸡，还引进了大批改善生态环境的稀有树种。一年前，申芳还是一个企业的职工，在城市中过着安定的生活。

2013 年春节，开办企业的父亲给了 34 岁的申芳 1000 万元，让她彻底改善一下自己的生活。拿到1000万元后，申芳的心“嘣嘣”跳了多日。这么多钱该咋花？后来申芳与丈夫商量，提出想回老家承包一块地，种些绿色无公害农作物。对于她的这一想法，丈夫非常支持。

春节过后，申芳两口带着儿子，回到老家武陟县嘉应观乡西营村流转了500亩地，办起了家庭农场。看着500亩土地，申芳就琢磨，仅凭种植无公害的绿色农作物，能吃得到的毕竟只是少数人，树能净化空气，改善生态环境，让更多的人受益。主意已定，申芳开始在网上查阅对环境改造作用最有益的树种。“红豆杉能够常年强力‘吸尘’，更利于减少PM2.5。”了解到红豆杉对环境的重大价值，2013年春季，她投资100万元，引进了5万株红豆杉幼苗。

此外，她还引进了香樟树、白皮松、美国蓝杉等树种。“如果这些树种能移植成活，将会使这里的生态环境得到明显改善。”申芳说。

（资料来源：作者改编自：《河南日报》，2013—12—20）

三、绿色农产品如何认证

绿色食品，是指遵循可持续发展原则，按照特定生产方式生产，经专门机构认定，许可使用绿色食品标志，无污染的安全、优质、营养类食品。

家庭农场应该在生产、加工过程中按照绿色食品的标准，禁用或限制使用化学合成的农药、肥料、添加剂等生产资料及其他可能对人体健康和生态环境产生危害的物质，并实施“从土地到餐桌”全程质量控制，“安全、优质、营养”的理念，体现的是绿色食品的质量特性。这不仅是获取高端市场订单的敲门砖，而且也是获得可持续经营的主要条件。

绿色食品标志是中国绿色食品发展中心在国家工商行政管

理总局商标局注册的证明商标。受《中华人民共和国商标法》保护，中国绿色食品发展中心作为商标注册人享有专用权，包括独占权、转让权、许可权和继承权。未经注册人许可，任何单位和个人不得使用。

绿色食品分为A级和AA级，AA级绿色食品与有机食品遵守相同的原则和标准。自然资源和生态环境是食品生产的基本条件，由于与生命、资源、环境相关的事物通常冠之以“绿色”，为了突出这类食品出自良好的生态环境，并能给人们带来旺盛的生命活力，因此将其定名为“绿色食品”。

无污染、安全、优质、营养是绿色食品的特征。无污染是指在绿色食品生产、加工过程中，通过严密监测、控制，防范农药残留、放射性物质、重金属、有害细菌等对食品生产各个环节的污染，以确保绿色食品产品的洁净。绿色食品的优质特性不仅包括产品的外表包装水平高，而且还包括内在质量水准高。产品的内在质量又包括两方面：一是内在品质优良，二是营养价值和卫生安全指标高。

为了与普通食品区别开，绿色食品由统一的标志来标识。绿色食品标志由特定的图形来表示。绿色食品标志图形由三部分构成：上方的太阳、下方的叶片和蓓蕾，象征自然生态；颜色为绿色，象征着生命、农业、环保；标志图形为正圆形，意为保护、安全。整个图形描绘了一幅明媚阳光照耀下的和谐生机，告诉人们绿色食品是出自纯净、良好生态环境的安全、无污染食品，能给人们带来蓬勃的生命力。绿色食品标志还提醒人们要保护环境和防止污染，通过改善人与环境的关系，创造自然界新的和谐。

食品安全等级最高的是有机食品，如有可能，家庭农场应该拥有有机食品的认证。在消费者追求食品安全的今天，这无异于拿到了进入高端市场、制定高价格的“市场入场券”。

有机食品是指来自于有机农业生产体系的食品，有机农业是指一种在生产过程中不使用人工合成的肥料、农药、生长调节剂和饲料添加剂的可持续发展的农业，它强调加强自然生命的良性循环和生物多样性。

为促进食品安全，保障人体健康，防止农药、化肥等化学物质对环境的污染和破坏，由通过资格认可的注册有机食品认证机构依据有机食品认证技术准则、有机农业生产技术操作规程，对申请的农产品及其加工产品实施规定程序的系统评估，并颁发证书，该过程称为有机食品认证。认证以规范化的检查为基础，包括实地检查、可追溯体系和质量保证体系的实施。

食品认证机构通过认证证明该食品的生产、加工、储存、运输和销售点等环节均符合有机食品的标准。有机食品认证范围包括种植、养殖和加工的全过程。有机食品认证的一般程序包括：生产者向认证机构提出申请和提交符合有机生产加工的证明材料，认证机构对材料进行评审、现场检查后批准。中国现在生产的有机食品大部分出口。有意从事有机食品生产、加工及认证的企业可以咨询中华人民共和国辽宁出入境检验检疫局植检处(大连)、中国质量认证中心(简称 CQC，各省、市、区认证分中心)、国家环保总局有机食品发展中心(南京)或农业部中绿华夏有机食品发展中心(简称 COFCC，北京)。

第四节　家庭农场市场营销组合策略

一、市场营销组合的含义

市场营销组合指的是企业在选定的目标市场上，综合考虑环境、能力、竞争状况，对企业自身可以控制的各种营销手段的综合运用，即对产品、价格、渠道、销售促进的最佳组合，使之相互配合，以完成企业的目标与任务。

市场营销的主要目的是满足消费者的需要，而消费者的需要很多，要满足消费者需要所应采取的措施也很多。因此，企业在开展市场营销活动时，就必须把握住那些基本性措施，合理组合，并充分发挥整体优势和效果。

二、市场营销组合策略

（一）家庭农场的产品策略

1. 农产品营销中的产品整体概念

家庭农场市场营销中的产品是指产品的整体概念，它包括农产品的核心产品、农产品的形式产品和农产品的附加产品等三个层次。

农产品的核心产品是指农产品所具备的使用价值和功能，即农产品能够提供给消费者的基本效用。消费者购买某种农产品，并不是为了占有农产品本身，而是为了获得能满足某种需要的效用或利益。如购买鸡蛋，是为了从鸡蛋中获得蛋白质。市场营销人员的根本任务在于向顾客推销农产品的实际效用。

农产品的形式产品是指农产品中可见的、可感觉的要素，如外观、质量、形态、品牌、包装等。形式产品是核心产品实现的形式。农产品的附加产品是指伴随农产品销售提供给顾客的额外利益，如服务、融资、保险等。

随着人们生活水平的提高，人们不仅要吃饱，更要吃好，对农产品品质的要求越来越高，只有树立农产品的整体观，才能满足不断变化的消费者需要。但是，我国农产品销售仍处于相当落后的局面，长期以来，很多农产品只是作为初级产品销售，缺乏加工处理，往往是卖农产品就卖其本身，即只给消费者提供了核心产品，缺乏形式产品与延伸产品。从营销意义上说，这样的农产品是不完整的。

2. 农产品营销中的产品市场生命周期

1)农产品市场生命周期概念及阶段

农产品市场生命周期是指一种农产品(品种)由投放市场到最终被市场所淘汰的时间周期。农产品的生命周期可分为四个阶段。

(1)导入期，即某种农产品投放市场的初期。此时消费者对产品还不了解，销售量很低，销售增长率一般不超过10%。为了扩大销售，家庭农场需要投入大量的促销费用对该农产品进行宣传推广。

(2)成长期，是某种农产品已为消费者所接受，销量迅速增长的时期。此时，消费者已经对该产品了解并接受，购买量增加，市场逐步扩大。生产成本相对下降，利润额迅速增加，但竞争也随之出现并逐渐激烈。

(3)成熟期，是某种农产品销量达到高水平的时期。此时，该农产品在市场上已经普及，市场容量基本达到饱和点，潜在的消费者已经很少。在这一阶段，竞争达到白热化，价格战激烈，促销费用增加，利润下降。

(4)衰退期，是某种农产品销量迅速衰减的时期。此时，新产品或替代品出现，消费者转向购买其他产品，从而使原有产品的销量迅速下降。

2)农产品市场生命周期各阶段的策略

由于农产品市场生命周期不同阶段有不同特征，因此应采取不同营销策略：

(1)导入期市场营销策略。这一时期的特点是成本高、费用大、售价高、销量小，可供采取的策略有：快速掠取策略，即高价格高促销策略；缓慢掠取策略，即高价格低促销策略；快速渗透策略，即低价格高促销策略；缓慢渗透策略，即低价格低促销策略。

(2)成长期市场营销策略。这一时期的重点是促进销量迅速增加，其主要策略包括树立品牌优势，增加消费者的信任度；拓展产品销售市场；重新评价并完善销售渠道；改良农产品品质和增加花色品种；改变广告宣传的重点；在适当的时机采取降价策略等。

(3)成熟期市场营销策略。这一时期的重点是尽量延长成熟期，营销策略包括寻求新的细分市场；寻找能够刺激消费者增加农产品使用频率的方法；市场重新定位；产品改良；完善营销组合等。

(4)衰退期市场营销策略。重点是选择适当时机以适当方式退出。可供选择的策略有继续策略；集中策略；缩减策略；放弃策略。

3. 产品组合

产品组合是指企业生产经营的全部产品的结构，由产品线和产品项目构成。产品线又称产品大类，是产品类别中具有密切关系的一组产品。产品项目是指某一品牌或产品大类内由尺码、价格、外观及其他属性来区别的具体产品。例如，某家庭农场生产食用油、面粉、方便面等，这就是产品线。食用油中的豆油、色拉油、花生油就是产品项目。企业的产品组合有一定的宽度、长度、深度和关联度。

宽度指企业的产品线总数。产品组合的宽度说明企业的经营范围大小。增加产品组合的宽度，可以充分发挥企业的特长，使企业的资源得到充分利用，降低风险，提高经营效益。

长度指一个企业的产品项目总数。通常，每一产品线中包括多个产品项目，企业各产品线的产品项目总数就是企业产品组合长度。

深度指产品线中每一产品有多少品种。产品组合的长度和深度反映了企业满足各个不同细分市场的程度。增加产品项目，增加产品的规格、型号、式样、花色，可以迎合不同细分市场消费者的不同需要和爱好，吸引更多顾客。

关联性指一个企业的各产品线在最终用途、生产条件、分销渠道等方面的相关程度。较高的产品关联性能带来企业的规模效益和企业的范围效益，提高企业在某一地区、行业的声誉。

4. 农产品品牌策略

品牌是整体产品概念的重要组成部分，是一种名称、标记、符号或设计，或是它们的组合运用，其目的是借以辨认某个企业或某行业的产品或服务，并使之同竞争对手的同类产品和服务区别开来。品牌包括品牌名称、品牌标识和商标等内容。品牌名称是指商品中可以用语言称谓的部分。例如，可口可乐、麦当劳等都是品牌名称。品牌标识是指品牌中不能用语言表达的部分，如符号、图案、设计或颜色，如绿色食品的标志。商标是经过有关部门注册并受法律保护的品牌。

1)品牌的作用

品牌在家庭农场发展中具有重要的作用，主要表现在以下几个方面：

(1)体现企业经营理念。

(2)创造差异，维护消费者的利益。

(3)维护企业正当权益，保护企业声誉。

(4)推进关系营销。

(5)扩大市场份额，减少价格弹性。

(6)促进企业提高产品质量。

2)家庭农场品牌管理策略

(1)品牌名称策略。在品牌名称的选择上，家庭农场可以采取以下具体策略：一是差别品牌策略，即企业将自己生产或提供的各种产品分别使用不同的品牌。这一品牌策略最大优势在于能满足消费者求新求异的心理需求。但是，差别品牌策略的宣传成本昂贵，并且品牌繁多，使顾客不易记忆企业的形象。二是统一品牌策略，即企业将自己生产的所有产品统一使用一种品牌。统一品牌策略优势在于企业将所有资源都集中在某一品牌上，有利于培植该品牌的知名度，并可降低宣传成本。其不利一面是个别产品声誉不好，会使整个品牌名誉受损。三是个别分类品牌，即企业在产品组合中，对产品项目依据一定标准分类，并分别使用不同品牌。这样可以避免不同类型的产品因使用同一个品牌名称而产生混淆。四是个别品牌与企业名称相结合，即通常是在个别品牌前冠以企业的统一品牌。既可以使产品享受企业已有的声誉，又能体现产品的个性化，使他们自己各具特色。五是企业名称与产品品牌合一。这是统一品牌的另外一种方式。采用这种方式，不会为使企业和产品同时出名而必须花双倍的广告费，使得企业及其产品的标志更简明扼要，易于识别。六是多品牌策略。就是一种产品用多个不同的，毫无联系但相互竞争的商标。采用多品牌策略有利于树立企业实力雄厚的形象，有利于对竞争者的同类产品形成强有力的包围，提高市场占有率。

(2)品牌拓展策略。开发新产品时，是使用原有品牌，还是再创造出一个新品牌，这主要和家庭农场的品牌拓展策略有关。一是延伸品牌策略。如果原有的品牌市场情况很好，推出的新产品就可采用原有品牌。采用这种策略既能节约宣传成本，又能迅速打开新产品的销售，但要求延伸产品的品质，必须符合在市场上已有较高声誉的品牌要求。二是品牌创新策略。就是企业通过改进或合并原有品牌而设立新品牌的策略。有些时候，原有产品的市场情况很不好，老品牌声誉日下或不佳，或新产品使用原有品牌会影响原有产品的形象甚至争夺原有产品的市场，或新老产品的特点不适宜采用同一品牌，此时，新产品不宜采用原有产品的品牌。

(二)家庭农场的价格策略

1. 农产品定价依据

价格策略是企业营销组合的重要因素之一，直接决定着企业市场份额的大小和盈利率高低。随着营销环境的日益复杂，制订价格策略的难度越来越大，影响农产品定价的因素很多，概括起来，大体上可以有农产品成本、农产品市场供求、竞争因素和政府价格管制四个方面。

(1)农产品成本。对家庭农场的定价来说，成本是一个关键因素。企业产品定价以成本为最低界限，产品价格只有高于成本，家庭农场才能补偿生产上的耗费，从而获得一定盈利，价格过分低于成本，不可能长久维持。成本又可分解为固定成本和变动成本。产品的价格有时是由总成本决定的，有时又仅由变动成本决定。家庭农场定价时，不应将成本孤立地对待，而应同产量、销量、资金周转等因素综合起来考虑。

(2)农产品市场供求。农产品价格还受市场供求的影响。即受农产品供给与需求的相互关系的影响。当农产品的市场需求大于供给时，价格应高一些；当农产品的市场需求小于供给时，价格应低一些。反过来，价格变动影响市场需求总量，从而影响销售量，进而影响企业目标的实现。因此，家庭农场制订价格就必须了解价格变动对市场需求的影响程度。反映这种影响程度的一个指标就是农产品的价格需求弹性系数。所谓价格需求弹性系数，是指由于价格的相对变动，而引起的需求相对变动的程度。通常可用下式表示：

需求弹性系数＝需求量变动百分比÷价格变动百分比

(3)竞争因素。市场竞争也是影响价格制订的重要因素。特别是当农产品具有同质性时，价格往往成为企业扩大市场占有率的武器。根据竞争程度不同，企业定价策略会有所不同。比如，在完全竞争情况下，买者和卖者都大量存在，产品都是同质的，不存在质量与功能上的差异，企业自由地选择产品生产，买卖双方能充分地获得市场情报。在这种情况下，无论是买方还是卖方都不能对产品价格产生影响，只能在市场既定价格下从事生产和交易。

(4)政府价格管制。政府对农产品价格实行管制，这实际上是政府对农民、农场、家庭农场以及消费者的一种保护措施。农产品需求弹性小，不论价格高低，消费者都得需要，是关乎民生的基础。在经济繁荣阶段，对农产品的需求增加，农产品价格上升，政府进行价格管制，能防止投机炒作，哄抬农产品价格，从而保护消费者的利益。而在经济萧条阶段，对农产品的需求减少，农产品价格下降，政府实行粮食等主要农产品最低收购价，同时增加政府采购农产品的数量，向农民和农场主支付货币或价格补贴，增加他们的可支配收入。

2. 农产品定价目标

定价目标是企业在对其生产或经营的产品制定价格时，有意识要达到的目的和标准。它是指导企业进行价格决策的主要因素。定价目标取决于企业的总体目标。不同行业的企业，同一行业的不同企业，以及同一企业在不同的时期，不同的市场条件下，都可能有不同的定价目标。

1)以获取投资收益为定价目标

投资收益定价目标是指企业实现在一定时期内能够收回投资并能获取预期的投资报酬的一种定价目标。采用这种定价目标的企业，一般注意两个问题：一是要确定适度的投资收益率。投资收益率不可过高，否则消费者难以接受；二是企业的产品与竞争对手相比，产品具有明显的优势。

2)以获取合理利润为定价目标

合理利润定价目标是指企业以适中、稳定的价格获得长期利润的一种定价目标。如果家庭农场拥有比较充分的后备资源，并打算长期经营，采用这种定价目标可以避免不必要的价格竞争，可以减少风险，保护自己。

3)以获取最大利润为定价目标

最大利润定价目标是指企业追求在一定时期内获得最高利润额的一种定价目标。利润额最大化既取决于价格，又取决于销售量，因而追求最大利润的定价目标并不意味着企业要制订最高单价。最大利润有长期和短期之分，有远见的企业经营者，都着眼于追求长期利润的最大化。家庭农场如果采取多品种经营的策略，可以使用组合定价策略，即有些产品的价格定得比较低，有时甚至低于成本以吸引顾客，借以带动其他产品的销售，从而使企业利润最大化。

4)以提高市场占有率为目标

以提高市场占有率为目标，即把保持和提高企业的市场占有率(或市场份额)作为一定时期的定价目标。市场占有率是一个企业经营状况和企业产品在市场上竞争能力的直接反映，关系到企业的兴衰存亡。较高的市场占有率，可以保证企业产品的销路，巩固企业的市场地位，从而使企业的利润稳步增长。无论大、中、小企业，都希望尽量提高企业的市场占有率。以提高市场占有率为目标定价，企业产品的定价通常可以由低到高或由高到低。

5)以应对和防止竞争为目标

在市场竞争日趋激烈的形势下，企业对竞争者的行为要十分关注，尤其要关注竞争者产品价格的变动。企业在实际定价前，应该广泛收集资料，仔细研究竞争对手产品价格情况。根据企业的不同条件，一般有以下决策目标可供选择。

(1)稳定价格目标。在市场竞争和供求关系比较正常的情况下，为了避免不必要的价格竞争，保持生产的稳定，以求稳固地占领市场，家庭农场经营者可以以保持价格稳定为目标。

(2)追随定价目标。追随定价目标是指企业价格的制订，主要以对市场价格有影响的竞争者的价格为依据，根据具体产品的情况稍高或稍低于竞争者。竞争者的价格不变，实行此目标的企业也维持原价，竞争者的价格或涨或落，此类企业也相应地参照调整价格。一般情况下，中小家庭农场的产品价格应该略低于行业中占主导地位企业的产品价格。

(3)挑战定价目标。如果企业具备强大的实力和特殊优越的条件，可以主动出击，挑战竞争对手，获取更大的市场份额。一般常用的策略目标有：打击定价，即实力较强的企业主动挑战竞争对手，采用低于竞争者的价格出售产品；特色定价，即实力雄厚、产品品质优良或能为消费者提供更多服务的企业，采用高于竞争者的价格出售产品；阻截定价，即为了防止其他竞争者加入同类产品的竞争，在一定条件下，往往采用低价入市，迫使弱小企业无利可图而退出市场或阻止竞争对手进入市场。

6)维护产品形象

如果家庭农场的目标是在某一特定市场上树立领先、知名品牌，使其产品成为高质量与高品位的象征，在这种情况下，企业可以综合运用多种营销策略和价格策略，把产品的价位定得高于一般同类产品。

3. 农产品定价方法

农产品定价方法是家庭农场为实现其定价目标所采取的具

体方法，可以归纳为成本导向定价法、需求导向定价法和竞争导向定价法三类。

1)成本导向定价法

成本导向定价法是以农产品的成本为主要依据制订价格的方法，这是应用相当广泛的一种定价方法。

(1)成本加成定价法，即按产品单位成本加上一定比例的毛利定出销售价。

其计算公式为

$$P=c\times(1+r)$$

式中，P——商品的单价；

c——商品的单位总成本；

r——商品的加成率。

(2)目标利润定价法，是根据企业总成本和预期销售量，确定一个目标利润率，并以此作为定价的标准。其计算公式为

单位商品价格＝总成本×(1＋目标利润率)/预计销量

2)需求导向定价法

需求导向定价法是根据市场需求状况和消费者对产品的感觉差异来确定价格的定价方法。

(1)认知导向定价法，是指根据消费者对企业提供的产品价值的主观评判来制定价格的一种定价方法。

(2)需求差异定价法，是指根据销售的对象、时间、地点的不同而产生的需求差异，对相同的产品采用不同价格的定价方法。常见的有基于顾客差异的差别定价、基于不同地理位置的差别定价、基于不同时间的差别定价。需求差异定价法对同一商品在同一市场上制订两个或两个以上的价格，其好处是可以使企业定价最大限度地符合市场需求，促进商品销售，有利于企业获取最佳的经济效益。

3)竞争导向定价法

竞争导向定价法是企业针对市场竞争状况，依据自身的竞争实力，以市场上竞争者的类似产品的价格作为本企业产品定价的参照系的一种定价方法。竞争导向定价主要包括随行就市定价法、产品差别定价法。

(1)随行就市定价法：即家庭农场按照市场平均价格水平来制订自己产品的价格，利用这样的价格来获得平均报酬。这样做可以避免价格竞争带来的损失，大多数企业都采用随行就市定价法。此外，采用随行就市定价法，企业就不必去全面了解消费者对不同价差的反应，也不会引起价格波动。

(2)差别定价法：差别定价法是指企业通过营销努力，使同种同质的产品在消费者心目中树立起不同的产品形象，进而根据自身特点，选取低于或高于竞争者的价格作为本企业产品价格。

4. 家庭农场产品定价策略

近年来迅速变化的市场营销环境，不断增强了价格决策的重要性，这就要求家庭农场经营者要充分运用产品定价策略，促进农产品的销售。

1)新产品的定价策略

一种新产品是否能占领市场，定价因素起着关键作用。新产品的定价策略包括三种。

(1)撇脂定价策略。即指新产品上市初期，定价较高，以便在较短的时间内获得高额利润的一种定价策略。撇脂定价策略是一种短期的价格策略，随着销量增长，产品价格会逐渐降低。这种定价策略适用于具有独特技术、有专利保护的农产品。

(2)渗透定价策略。这是一种低价策略，即在新产品投入市场时，以较低的价格吸引消费者，以便提高市场占有率。一般来说适用于能大批量生产、技术简单的产品。

(3)满意价格策略。即价格介于上述两种价格之间的一种定价策略。它往往既能保证企业获得一定的初期利润，又能为消费者所接受。

2)折扣定价策略

企业为了鼓励顾客及早付清货款、大量购买、淡季购买，常常降低其基本价格，这种价格调整叫做价格折扣。常用的折扣策略有数量折扣、现金折扣、功能折扣、季节折扣等。

(1)现金折扣又称销售折扣，是为敦促消费者尽早付清货款而提供的一种价格优惠。其优点在于缩短收款时间，减少坏账损失。

(2)数量折扣是企业对大量购买农产品的顾客给予的一种减价优惠。一般购买量越多，折扣也越大，以鼓励顾客增加购买量，或集中向一家企业购买，或提前购买。尽管数量折扣使产品价格下降，单位产品利润减少，但销量的增加、销售速度的加快，使企业的资金周转次数增加了，流通费用下降了，产品成本降低了，导致企业总盈利水平上升，对企业来说利大于弊。数量折扣又可分为累计数量折扣和一次性数量折扣两种类型。

(3)功能折扣策略是指家庭农场对提供给批发商、零售商的产品按零售价格给予一定折扣的策略。

(4)季节折扣也称季节差价，是指家庭农场为鼓励买方在淡季购买而给予的折扣，目的在于鼓励淡季购买，减轻仓储压力，利于均衡生产。

3)心理价格策略

心理定价策略是根据消费者购买商品时的心理变化需要所

采取的定价策略，如尾数定价。在制定农产品价格时，保留尾数而不取整数的定价方法，使消费者购买时在心理上产生较为便宜的感觉，如超市中的水果罐头每瓶 9.9 元等；声望定价，如果某个企业或某种农产品，在长期的经营过程中，保持过硬的质量和完善的服务，从而在消费者心目中形成了较高的声望，消费者在购买此类农产品时就会有更大的信任感和享受感，即使多花些钱也会觉得物有所值。因此，对于那些长期以来声望高的名牌企业、名牌农产品来说，价格可以定得比一般水平高一些；习惯定价，大米等常购农产品一般价格比较稳定，形成了习惯性价格。

4)地区差价策略

由于农产品生产与区域气候、地理环境等有较为密切的关系，企业定价时可以根据买主所在地区与路途的远近，把农产品运费、保险费、保鲜费用考虑进去。

(三)家庭农场的营销渠道策略

农产品营销渠道是指农产品从生产领域向消费者转移过程中，由具有交易职能的商业中间人连接的通道。在多数情况下，这种转移活动需要经过包括各种批发商、零售商、商业服务机构(交易所、经纪人)在内的中间环节。

1. 家庭农场营销渠道的类型

没有中间商的销售渠道都称直接渠道。经过一个或两个中间商环节的称为间接渠道。农产品销售渠道一般有以下几种：

(1)生产者→消费者。生产者直接将商品出售给消费者，不经过任何中间环节，没有中间商介入的简单结构。例如，养殖场把自产的产品(鸡、鸭、蛋等)运到农贸市场自行销售。这种营销渠道是环节最少、费用最小、最直接、最简单的营销渠道。

(2)生产者→零售商→消费者。生产者将农产品先出售给零售商，再由零售商出售给消费者。这种销售渠道环节较少，适用于鲜活农牧渔产品(如水果、活鱼等)销售。

(3)生产者→批发商→零售商→消费者。生产者将产品先出售给批发商，再转卖给零售商，最后出售给消费者。这种销售渠道适合储存期较长的加工品(如罐头类食品、大米等)。

(4)生产者→代理商→批发商→零售商→消费者。这种销售渠道通过代理商卖给批发商，再转卖给零售商，最后出售给消费者。由于代理商了解市场行情，销售经验丰富，因而推销成功率高。

(5)生产者→加工商→批发商→零售商→消费者。这种渠道主要适用于那些需要加工后才能销售的农畜产品。例如，生猪、肉牛等需要先运到肉联厂屠宰、加工，然后才能进一步销售。

2. 家庭农场营销渠道的选择

家庭农场在选择营销渠道时，会受到各种因素的影响，因此，必须认真研究并根据具体情况来确定营销渠道。一般应考虑如下因素。

(1)产品因素。产品因素是进行渠道决策时首先要考虑的问题，根据产品性质和特点选择销售渠道。鲜活、易腐、易损的农产品应选直接销售或选择尽量短而宽的渠道，而耐储、耐运的农产品则可选长而宽的渠道；单价高的产品选择短一些的渠道，最好直接销售，而单价低的农产品则宜选择长而宽的间接渠道。

(2)市场因素。一般来说，对于市场需求量大、购买频率高的农产品，可选宽的销售渠道，多设网点，使消费者随时随地可以购买；相反，对购买频率低、购买集中的商品，可少利用一些中间商或采用较短的渠道来进行销售；有些产品(如调料、食盐、蔬菜)，消费者喜欢就近购买，渠道应宽一些、长一些，最好能深入居民区附近。

(3)企业自身因素。企业离市场近，就可不用中间商；企业规模大，资源雄厚，经营能力强，则可在本地或外地自设分销机构，直接控制渠道；规模很小，无力分设销售点，则应依赖中间商经销。企业将自己的产品打入一个新市场，对市场情况不熟悉，就只能委托当地的中间商为其销售；若企业对市场情况比较熟悉，就可以自行组织销售。

(4)竞争因素。农产品进行分销渠道决策时应充分考虑竞争者的渠道策略，并采取相应的对策。竞争对策主要有正位渠道策略，即在竞争对手分销渠道的附近设立分销点，以优取胜；错位渠道策略，即避开竞争对手的分销渠道，在市场的空白点另立。

(5)环境因素。一是国家政策。政策的变化决定着农产品销售渠道的变更，如我国曾一度强调计划管理，绝大部分农产品实行计划渠道。改革开放以来，市场经济使分销渠道大大拓宽，出现了多渠道流通的局面。但是目前，国家对烟叶、蚕茧、棉花等还实行专营。所以，生产这些农产品的企业只能按国家的政策规定，选择计划渠道，将这些农产品卖给国家指定的收购站，而不能进入其他渠道。二是自然环境。自然环境主要表现在地理条件对分销渠道的影响。地处交通便利的地区，由于地理位置比较有利，开展直接销售的可能性比较大；地处偏远地区或交通不便的地区，只能采取较长的分销渠道。

3. 家庭农场营销渠道的策略

在确定销售渠道类型之后，还要考虑生产者、经营者(批发商、零售商)如何有效结合，以取得更好的销售效果。

(1)普遍性销售渠道策略。即企业通过批发商把产品广泛、普遍地分销到各地零售商业企业，以便及时满足各地区消费者需要。由于大多数农产品及其加工品是人们日常的生活必需品，具有同质性特点，因此绝大多数家庭农场普遍采取这种策略。采取这种策略，有利于广泛占领市场，便于消费者购买。

(2)选择性销售渠道策略。就是指在一定地区或市场内，家庭农场有选择地确定几家信誉较好、推销能力较强、经营范围和自己对口的批发商销售产品，而不是把所有愿意经营这种产品的中间商都纳入自己的销售渠道中来。这种策略虽然也适用于一般加工品，但更适宜于一些名牌产品的销售。这样做，有利于调动中间商的积极性，同时能使生产者集中力量与之建立较密切的业务关系。

(3)专营性销售渠道策略。指在特定的市场内，家庭农场只使用一个声誉好的批发商或零售商推销自己的产品。这种策略多适用于高档的加工品或试销新产品。由于只给一个中间商经营特权，所以既能避免中间商之间的相互竞争，又能使之专心一致，推销自己的产品。缺点是只靠一家批发商销售产品，销售面和销售量都可能受到限制。

(四)家庭农场的促销策略

现代市场条件下，仅有优质的产品、合理的价格和适当的渠道不一定能引起消费者的注意。要想使产品占领市场，还必须采用各种有效的促销手段来激发消费者的购买欲望和购买行为，以达到扩大销售的目的。

1. 农产品促销的本质及功能

农产品促销是指以各种有效的方式向目标市场传递有关信息，以启发、推动或创造产品和劳务的需求，并引起购买欲望和购买行为的活动。家庭农场促销的本质是企业同目标市场之间的信息沟通。促销具有告知功能、说明功能、影响功能。

2. 家庭农场促销类型

家庭农场促销的类型一般包括广告促销、人员推销、关系营销和营业推广四种。

(1)广告促销。广告促销是指通过各种宣传媒介，如电视、广播、杂志、报纸、网络等将产品或服务信息传递给接受者，达到促进销售目的的一种促销手段。随着市场竞争的加剧，广告已经成为促销的主要手段，家庭农场应结合自身产品的特性，做好广告宣传。

(2)人员推销。人员推销是指通过推销员与消费者的直接对话和沟通，传达产品或服务的信息，促使消费者进行购买。人员推销方式推销成本低，针对性强、灵活应变，有助于生产者和消费者的双向交流。搞好人员推销，关键是选择培训销售人员，提高销售人员素质。

(3)关系营销。关系营销，是把营销活动看成一个企业与消费者、供应商、分销商、竞争者、政府机构及其他公众发生互动作用的过程，其核心是建立和发展与这些公众的良好关系。搞好公共关系，可以为企业树立良好形象，博得社会公众的信任和支持，有利于企业扩大销售。家庭农场可以通过在一定宣传媒介上刊登介绍性的文章或召开新闻发布会等形式，对企业的产品或服务进行有利宣传，从而扩大知名度，达到促销的目的。公共关系的主要活动方式：一是同有关的社会团体建立联系，并提供有关咨询服务，通过他们的各种宣传报道，使社会公众对企业产生良好影响；二是培训专职公共关系人员，及时处理社会公众的来信、来访，并尽快解决他们提出的不同问题；三是与政府机构、中间商和社会有影响的专家、学者等建立信息联系，取得他们的支持。

(4)营业推广。营业推广是指通过短期的刺激性手段，说服和鼓励消费者，激发他们的购买欲望。通过营业推广，企业向顾客提供特殊的优惠条件，能够引起他们的兴趣和注意，影响他们的购买决策，在短期内达成交易。营业推广的形式有：通过农产品交易会、展销会、订货会、拍卖会等形式向组织用户展示产品，洽谈业务、达成交易；向顾客发放优待券，赠送样品、奖券，提供试用、试饮、有效销售等；对推销员的营业推广方式有发放资金、提供免费旅游、提供培训学习机会等。

第五节　家庭农场的风险控制

农业与工业不同，存在着风险高的自然特征。对于家庭农场而言，随着经营规模的扩大，风险也在相应扩大，必须有一个良好的风险控制体系，重点防控好自然风险、疫病风险、市场风险、制度风险和社会风险五大风险。

一、自然风险

农业区别于工业的最大风险是自然风险。农业是从自然界获取劳动成果，因此农业基本无法避免自然风险，只能通过避灾救灾减少影响。比如，播种时的干旱少雨，如果没有灌溉，则可能无法播种错过农时；再如，作物生长过程中的冰雹、旱涝、冷热灾害随时会发生，2013 年春天的“倒春寒”使陕西苹果开花受冻严重，至少有 250 万亩的苹果产量受到影响。另外，成熟季节的农作物，可能因为冰雹等突然的恶性自然灾害导致产量大幅损失甚至颗粒无收。防范自然风险，虽然国家的政策性农业保险制度还在完善，但已经提供了基本的风险保障，要注意运用好这一政策。同时，还可以考虑农业商业保险。一些农业技术措施也可起到缓解作用，比如近年苹果产区发展较快的防雹网建设，一次性投入较大，但防范冰雹的能力明显提升。

二、动植物疫病风险

口蹄疫的暴发可能导致养殖场的偶蹄动物整体死亡或者强制扑杀，对生猪、牛羊养殖威胁很大，必须采取最严格的措施防范。至于一般的动物常见疫病，往往也会造成动物死亡或者商品性丧失。再如，小麦、玉米的流行病害或容易暴发的虫灾，往往会导致产量上极大的损失，像小麦吸浆虫、玉米黏虫等，防控不及时，产量损失极大。在动植物疫病风险的防控上，主要是严格的技术管理和持之以恒的严密防控心态，一旦出现麻痹，往往付出惨痛代价。养殖企业“拼管理”，其实主要是技术管理，疫病损失越少，养殖效益才能越好。

三、市场风险

市场风险不论工业农业均要面对，但农业的市场风险更残酷，这是因为农产品的一些特殊属性决定的。由于农产品多为鲜活农产品，所以保质期十分短暂，必须在收获时节的极短时间内出售，否则可能腐烂变质。即使那些保质期长的农产品与工业品的保质期相比，也是差距甚远。于是就形成了农产品常见的难卖问题，一到集中收获季节，往往量大价跌，供大于求，不仅效益下降，而且浪费惊人。应对市场风险：一方面，要重视农产品市场分析，避免陷入“丰收陷阱”；另一方面，要加强生产的组织化程度，通过行业协会、订单农业、合作社联合等方式，稳定市场，畅通产后渠道，保障收益。

四、制度风险

制度风险是系统性的，家庭农场个体一般无法应对，常见的就是政策的变动。比如，一些地方为发展地方经济而鼓励的小型产业项目，承诺有优惠政策，也宣布有订单保障，但往往随着地方领导变迁，可能人走政息，政策难以落实，订单更无从谈起，参与项目者损失惨重。应对制度风险，需要家庭农场的负责者重视地方产业政策的研究，摆正经营思想，科学选择产业，避免因一时投机取巧而付出沉痛代价。不过，正常的国家优惠政策是应该积极争取的，这是应得的国民待遇，不应拒之不理。

五、社会风险

社会风险也叫道德风险，是由于农民对于市场经济规则的不懂不问、不遵不守而引发的，常见的是土地流转纠纷。对多数家庭农场而言，自有土地是少数，更多的土地靠流转，而经营农业的人都知道，土地经营权的长期稳定是投资农业的首要前提。在实际中，因为种种原因，农民突然违约强行收回流转土地的情形屡见不鲜，并引发严重社会事件。应对这一风险，要学会同农民打交道，多从农民的角度考虑问题，在长期的土地流转合同上要留给农民 3～5 年调整一次流转租金的机会，主动协调，避免被动；同时，要善于运用流出土地农民的剩余劳动力，给他们就业机会，重视社会沟通，减少抵制情绪；还要注意乡村党政力量的沟通，力求矛盾发生时的公正评判。

模块七　家庭农场的财务管理

财务管理是现代家庭农场管理的重要组成部分。在市场竞争日趋激烈的今天，财务管理的重要性越来越突出，成为家庭农场生存和发展的关键环节，也是提高经济效益的重要途径。

第一节　财务管理概述

一、财务管理的含义

资金是家庭农场进行生产经营的基本要素，对家庭农场的生存和发展具有举足轻重的作用。家庭农场在生产经营的过程中，不断地发生资金的流入和流出，与有关各方发生资金的往来和借贷关系。围绕现金的收入和支出形成了家庭农场的财务活动和各种财务关系，财务管理就是组织家庭农场财务活动，处理家庭农场财务关系，为家庭农场的生存和发展提供资金支持的一种综合性的管理活动。具体来说。家庭农场财务活动包括家庭农场筹资引起的财务活动、家庭农场投资引起的财务活动、家庭农场经营引起的财务活动和家庭农场分配引起的财务活动。家庭农场的财务关系包括家庭农场同其所有者之间的财务关系、家庭农场同其债权人之间的财务关系、家庭农场同其被投资单位之间的财务关系、家庭农场同其债务人之间的财务关系、家庭农场与职工的财务关系、家庭农场内部各单位的财务关系等。

二、财务管理的目标

明确财务管理的目标，是做好财务工作的前提。财务管理是家庭农场生产经营过程中的一个重要方面，财务管理的目标应该服从和服务于家庭农场的总体目标。家庭农场财务管理的目标可分为整体目标、分部目标和具体目标。整体目标是指整个家庭农场财务管理所要达到的目标，整体目标决定着分部目标和具体目标，决定着整个财务管理过程的发展方向。家庭农场财务管理的整体目标在不同的经济模式和组织制度条件下有着不同的表现形式，主要有四种模式。

（一）以总产值最大化为目标

产值最大化，是符合计划经济体制的一种财务管理目标。家庭农场财务活动的目标是保证总产值最大化对资金的需要。追求总产值最大化，往往会导致只讲产值，不讲效益；只讲数量，不讲质量；只抓生产，不抓销售等严重后果，这种目标已经不符合市场经济的要求。

（二）以利润最大化为目标

利润代表了家庭农场新创造的财富，利润越多，家庭农场财富增长越快。在市场经济条件下，家庭农场往往把追求利润最大化作为目标，因此，利润最大化自然也就成为家庭农场财务管理要实现的目标。以利润最大化为目标，可以直接反映家庭农场所创造的剩余产品多少，可以帮助家庭农场加强经济核算、努力增收节支，以提高家庭农场的经济效益，可以体现家庭农场补充资本、扩大经营规模的能力。但是，利润最大化目标没有考虑利润实现的时间以及伴随高报酬的高风险，没有考虑所获利润与投入资本额之间的关系，可能导致家庭农场财务决策带有短期行为倾向。因此，利润最大化也不是家庭农场财务管理的最优目标。

（三）以股东财富最大化为目标

在股份制经济条件下，股东创办家庭农场的目的是增长财富。股东是家庭农场的所有者，是家庭农场资本的提供者，其投资的价值在于家庭农场能给他们带来未来报酬。股东财富最大化是指通过财务上的合理经营，为股东带来更多的财富。股东财富由其所拥有的股票数量和股票市场价格两方面来决定，在股票数量一定的前提下，当股票价格达到最高时，则股东财富也达到最大化。

股东财富最大化的目标概念比较清晰，因为股东财富最大化可以用股票市价来计量；考虑了资金的时间价值；科学地考虑了风险因素，因为风险的高低会对股票价格产生重要影响；股东财富最大化一定程度上能够克服家庭农场在追求利润上的短期行为，因为不仅目前的利润会影响股票价格，预期未来的利润对家庭农场股票价格也会产生重要影响；股东财富最大化目标比较容易量化，便于考核和奖惩。追求股东财富最大化也存在一些缺点：它只适用于上市公司，对非上市公司很难适用。股东财富最大化要求金融市场是有效的；股票价格并不能准确反映家庭农场的经营业绩。

（四）以家庭农场价值最大化为目标

家庭农场的存在和发展，除了股东投入的资源外，和家庭农场的债权人、职工，甚至社会公众等都有着密切的关系，因此，单纯强调家庭农场所有者的利益而忽视利益相关的其他集团的利益是不合适的。家庭农场价值最大化是指通过家庭农场财务上的合理经营，采用最优的财务政策，充分考虑资金的时间价值和风险报酬的关系，在保证家庭农场长期稳定发展的基础上使家庭农场总价值达到最大化。

家庭农场财务管理的分部目标可以概括为家庭农场筹资管理的目标、家庭农场投资管理的目标、家庭农场营运资金管理的目标、家庭农场利润管理的目标。

三、财务管理的内容

家庭农场财务管理就是管理家庭农场的财务活动和财务关系。财务活动是指资本的筹资、投资、资本营运和资本分配等一系列行为，具体包括筹资活动、投资活动、资本营运和分配活动。

（一）筹资活动

筹资活动，又称融资活动，是指家庭农场为了满足投资和资本营运的需要，筹措和集中所需资本的行为。筹资活动是家庭农场资本运动的起点，也是投资活动的前提。家庭农场筹资可采用两种形式：一是权益融资，包括吸收直接投资、发行股票、内部留存收益等。二是负债融资，包括向银行借款、发行债券、应付款项等。

家庭农场筹资时，应合理确定资本需要量，控制资本的投放时间；正确选择筹资渠道和筹资方式，努力降低资本成本；分析筹资对家庭农场控制权的影响，保持家庭农场生产经营的独立性；合理安排资本结构，适度运用负债经营。

（二）投资活动

投资活动是指家庭农场预先投入一定数额的资本，以获得预期经济收益的行为。家庭农场筹集到资本后，为了谋取最大的盈利，必须将资本有目的进行投资。投资按照投资对象可分为项目投资和金融投资。项目投资是家庭农场通过购置固定资产、无形资产和递延资产等，直接投资于家庭农场本身生产经营活动的一种投资行为。项目投资可以改善现有的生产经营条件，扩大生产能力，获得更多的经营利润。进行项目投资决策时，要在投资项目技术性论证的基础上，建立科学化的投资决策程序，运用各种投资分析评价方法，测算投资项目的财务效益，进行投资项目的财务可行性分析，为投资决策提供科学依据。金融投资是家庭农场通过购买股票、基金、债券等金融资产，间接投资于其他家庭农场的一种投资行为。金融投资通过持有权益性或者债权性证券来控制其他家庭农场的生产经营活动，或者获得长期的高额收益。金融投资决策的关键是在金融资产的流动性、收益性和风险性之间找到一个合理的均衡点。

家庭农场投资时，应研究投资环境，讲求投资的综合效益。一是预测家庭农场的投资规模，使之符合家庭农场需求和偿债能力；二是确定合理的投资结构，分散资本投向，提高资产流动性；三是分析家庭农场的投资环境，正确选择投资机会和投资对象；四是研究家庭农场的投资风险，将风险控制在一定限度内；五是评价投资方案的收益和风险，进行不同的投资组合等。

（三）资本营运活动

家庭农场在日常生产经营过程中，从事采购、生产和销售等经营活动，就要支付货款、工资及其他营业费用；产品或商品售出后，可取得收入，收回资本；若现有资本不能满足家庭农场经营的需要，还要采取短期借款方式来筹集所需资本。家庭农场这些因生产经营而引起的财务活动就构成了家庭农场的资本营运活动。营运资本管理是家庭农场财务管理中最经常的内容。

营运资本管理的核心，一是合理安排流动资产和流动负债的比例，确保家庭农场具有较强的短期偿债能力；二是加强流动资产管理，提高流动资产周转效率；三是优化流动资产和流动负债内部结构，确保营运资本的有效运用等。

(四)分配活动

家庭农场通过生产经营和对外投资等都会获取利润，应按照规定的程序进行分配，分配具有层次性。家庭农场通过投资取得的收入首先要用以弥补生产经营耗费，缴纳流转税，其余部分为家庭农场的营业利润；营业利润与投资净收益、营业外收支净额等构成家庭农场的利润总额。利润总额首先要按照国家规定缴纳所得税，税后净利润要提取公积金和公益金，分别用于扩大积累、弥补亏损和改善职工集体福利设施，其余利润作为投资者的收益分配给投资者，或者暂时留存家庭农场，或者作为投资者的追加投资。

第二节　家庭农场的融资管理

一、家庭农场融资的优势

兴办一个家庭农场，由于经营规模较大，无论是大面积的农业生产所需要的种子、化肥、农药，还是灌溉、收割、运输、仓储，抑或是所需要雇用的农业劳动力，都需要大量的资金。农业生产的周期较长而受市场价值规律的制约，有时农产品会供过于求，农产品价格过低导致农民亏本，无法再进行下一年的农产品投资，在自有资金无法满足生产经营需要的情况下，都需要解决融资问题。解决融资问题，使资金在农场主的经营活动中获得良好的周转和循环，是目前家庭农场的首要任务。融资就成为制约家庭农场生产经营发展的瓶颈。

现今，正处在我国家庭农场发展的初期，各地区家庭农场融资困境主要有两个方面：一方面，融资金额较大，需求量总体呈上升趋势，自筹资金已很难满足发展需要，随着家庭农场经营规模的扩大，家庭农场主对信贷资金的需求力度也越来越大。另一方面，融资的成本越来越高。风险管理不足、缺乏有效的抵押资产、期货市场发育不成熟、政府补贴资金不足以及政策没有得到有效的实施等导致农场主的融资成本越来越高。

但是，农场主个人作为融资主体相较于其他农业经营生产方式的融资主体有其特有的优势。首先，农场的经济效益与农场主密切相关，农场发展的好坏直接关系到农场主的利益。这种形式的融资主体积极性更强，对于融资的欲望更强。其次，家庭农场如同家族企业，具有传承性和延续性。经营良好的家庭农场传给下一代，会极大地减少他们的融资压力。最后，家庭农场有国家政策和相关机构的融资支持。

二、家庭农场融资方式

作为家庭农场主，可以通过如下三种方式进行融资：国家财政资金、贷款和自筹。

(一)**国家财政资金**(政府资金投入)

近年来国家大力推广家庭农场，据农业部发布的《中国家庭农场2012年现状报告》显示："2012年，全国各类扶持家庭农场发展资金总额达到6.35亿元，其中，江苏省和贵州省超过1亿元。"我国各级政府对家庭农场进行了大量的资金投入，然而，这些资金投入相对于农场主们对资金的需求还远远不够。此外，各地区资金投入差异较大，我国财政还没有为家庭农场设立专项发展资金的现象。家庭农场建设初期，加大政府资金投入，确保财政补贴政策的有效实施能够帮助部分家庭农场摆脱融资难题。

(二)**贷款**(金融机构贷款)

家庭农场在创业初期，由于处于投资期而往往很难盈利，周转资金不足，很多农场主想到通过贷款的方式缓解经济压力。然而，我国普遍存在着“贷款难”的现象。由于银行业等金融机构实施较为严格的贷款抵押担保制度，农场主们通常缺乏有效的抵押手段，作为固定资产——土地又是通过土地流转而得来的，缺乏抵押品的特征。因此，这种“贷款难”的现象需要政府、金融机构和农场主们共同协调才能得以解决。贷款难题的解决将会大幅度地改善融资困境。

（三）**自筹**（民间资本参与）

随着家庭农场的逐步推广，资金难题完全依靠政府补助已不现实，大部分资金还是需要农场主们自我筹集。如今，国内家庭农场的基础设施投入近80％是来自农场主们的自有资金和民间借贷。多数家庭农场实行“两费自理”“两费”指的是生产费用和生活费用)，这种自给自足的经营模式给农场主们的融资施加了极大的压力。农场主的部分自有资金因用于租用土地，已不能满足基础设施的投入。又因为从金融机构难以取得贷款，农场主选择向周围的人借用资金。而这些资金只能暂缓应对初期投资问题，对于真正解决融资问题作用很小[①]。但民间资本参与的自筹形式是成本低、速度快的一种筹资方式。

三、家庭农场融资方式

（一）农场主加强与政府、金融机构三方协作

积极争取政府给予那些向农场主提供贷款的金融机构政策性补助，争取农村信用社对家庭农场的信贷支持；争取民间资本积极参与到家庭农场建设，加大对农场的基础设施投入。积极了解金融机构的贷款限制，争取银行、信用社放宽对农场主的贷款限制，降低贷款利率，实行差异性贷款模式，对不同经

① 严琪，苏亚民. 我国家庭农场融资机制研究[J]. 科技创业月刊，2014(2).

营规模的农场主给予不同程度的贷款限额。也有一些地区，以“优惠贷款”、“专项资金”、“贴息贷款”的方式支持家庭农场发展，家庭农场主要通过各种信息渠道，力争获取这些政策性的资金扶持项目，减轻农场的融资压力。

（二）尝试新的融资担保服务

在相关法律规定修改前，可以参考一些地区通过国务院批准试点的方式，探索破解农村产权抵押难题，以降低市场参与主体特别是银行面临的法律风险。例如，温州出台了《关于推进农村金融体制改革的实施意见》和《关于推进农房抵押贷款的实施办法》，使农村房屋抵押贷款有章可循。随后，温州又出台了《农村产权交易管理暂行办法》，规定12类农村产权可以进入市场交易：农村土地承包经营权；林地使用权、林木所有权和山林股权；水域、滩涂养殖权；农村集体资产所有权；农村集体经济组织股权；农村房屋所有权；农村集体经营性建设用地使用权；农业装备所有权（包括渔业船舶所有权）；活体畜禽所有权；农产品期权；农业类知识产权；其他依法可以交易的农村产权。

（三）联保贷款

农场主之间可以互相合作，实行联保贷款；农场主之间加强交流，家庭农场经营好的农场主可以为正遇到融资困境的农场主提供实践性经验。

第三节　家庭农场的资金管理

资金是市场经济条件下家庭农场生产和流通过程中所占用的物质资料和劳动力价值形式的货币表现，资金是家庭农场获取各种生产资料，保证家庭农场持续发展不可缺少的要素。

一、家庭农场经营资金构成

家庭农场资金是指用于家庭农场生产经营活动和其他投资活动的资产的货币表现。家庭农场经营资金，可以分为以下几类：

(1)按资金取得的来源。分为自有资金和借入资金。所谓自有资金，是指家庭农场为进行生产经营活动所经常持有，可以自行支配使用并无须偿还的那部分资金，与借入资金对称。

(2)按照资金存在的形态，可分为货币形态资金和实物形态资金。

(3)按照资金在再生产过程中所处阶段，可分为生产领域资金和流通领域资金。生产领域资金包括生产用的建筑设施、生产设备、生产工具、交通运输工具、原材料、燃料与辅助材料储备、在制品、半成品等资金。决定生产资金占用多少的主要因素有生产过程的长短，生产费用的多少，投资是否合理。

(4)按照资金的价值转移方式，可分为固定资金和流动资金。

二、家庭农场流动资金管理

流动资金是指在家庭农场生产经营过程中，垫支在劳动对象上的资金和用于支付劳动报酬及其他费用的资金。家庭农场流动资金由储备资金、生产资金、成品资金和货币资金组成。具体来说，现金、存货(材料、在制品、成品)、应收账款、有价证券、预付款等都是流动资金。

(一)流动资金的特点

1. 流动资金占用形态具有流动性

随着家庭农场生产经营活动不断进行，流动资金占用形态也在不断变化。家庭农场流动资金一般从货币形态开始，集资经过购买、生产、销售三个阶段，相应的表现为货币资金、储备资金、生产资金和商品资金等形态，不断循环流动。

2. 流动资金占用数量具有波动性

产品供求关系变化、生产消费季节性变化、经济环境变化都会对家庭农场的流动资金产生影响，因而家庭农场流动资金在各个时期的占用量不是固定不变的，有高有低，呈现出波动性。

3. 流动资金循环具有增值性

流动资金在循环周转中，可以得到自身耗费的补偿，每一次周转可以产生营业收入并且创造利润。在利润率一定的条件下，资金周转越快，增值就越多。

（二）流动资金的日常管理

1. 货币资金管理

货币资金是家庭农场流动资金中流动性最强的资金，包括现金、银行存款和其他货币资金。

1）现金管理

现金是指家庭农场所拥有的硬币、纸币，即由家庭农场出纳员保管作为零星业务开支之用的库存现款。家庭农场持有现金出于三种需求，即交易性需求、预防性需求和投机性需求。

交易性需求是家庭农场为了维持日常周转及正常商业活动所需持有的现金额。家庭农场每日都在发生许多支出和收入，多数情况下，这些支出和收入在数额上不相等或者时间上不匹配，因此家庭农场需要持有一定现金来调节，以使生产经营活动能持续进行。

预防性需求是指家庭农场需要维持充足现金，以应付突发事件。这种突发事件可能是政治环境变化，也可能是家庭农场的某大客户违约导致家庭农场突发性偿付等。尽管财务主管试图利用各种手段来较准确地估算家庭农场需要的现金数，但这些突发事件会使原本很好的财务计划失去效果。因此，家庭农场为了应付突发事件，有必要准备比日常正常运转所需金额更多的现金。为应付意料不到的现金需要，家庭农场掌握的现金额取决于家庭农场愿冒缺少现金风险的程度；家庭农场预测现金收支可靠的程度；家庭农场临时融资的能力。

投机性需求是指家庭农场为了在未来某一适当的时机进行投机活动而持有的现金。这种机会大都是一闪即逝，如证券价格突然下跌，家庭农场若没有用于投机的现金，就会错过这一机会。

如果家庭农场持有的现金过多，因现金资产的收益性较低，会增加家庭农场财务风险，降低收益；如果家庭农场持有的现金过少，可能会因为缺乏必要的现金不能应付业务开支需要而影响家庭农场的支付能力和信誉形象，使家庭农场遭受信用损失。

家庭农场现金管理的目的在于既要保证家庭农场生产经营所需要现金的供应，还要尽量避免现金闲置，并合理地从暂时闲置的现金中获得更多的收益。

家庭农场要遵守国家现金管理有关规定，做好库存现金的盘点工作，建立和实施现金的内部控制制度，控制现金回收和支付，多方面做好现金的日常管理工作。

2)银行存款管理

银行存款就是家庭农场存放在银行或其他金融机构的货币资金。家庭农场银行存款管理的目标是通过加速货款回收，严格控制支出，力求货币资金的流入与流出同步来保持银行存款的合理水平，使家庭农场既能将多余货币资金投入有较高回报的其他投资方向，又能在家庭农场急需资金时，获得足够的现金。

2. 债权资产

债权资产是指债权人将在未来时期向债务人收取的款项，主要包括应收账款和应收票据。

1)应收账款管理

(1)应收账款及其管理目标。应收账款是指家庭农场因销售商品、材料、提供劳务等，应向购货单位收取的款项，应收账款是伴随家庭农场的销售行为发生而形成的一项债权。

在市场经济条件下，存在着激烈的商业竞争。除了依靠产品质量、价格、售后服务、广告等，赊销也是扩大销售的手段之一，于是就产生了应收账款。应收账款的损失包括逾期应收账款的资金成本、附加收账费用、坏账损失。另外，还有一些间接的损失。应收账款管理的目标，是要制定科学合理的应收账款信用政策，并在这种信用政策所增加的销售盈利和采用这种政策预计要担负的成本之间做出权衡。只有当所增加的销售盈利超过运用此政策所增加的成本时，才能实施和推行使用这种信用政策。同时，应收账款管理还包括家庭农场未来销售前景和市场情况的预测和判断，及对应收账款安全性的调查，确保家庭农场获取最大收入的情况下，又使可能的损失降到最低点。

(2)应收账款管理。家庭农场应收账款管理的重点，就是根据家庭农场实际经营情况和客户信誉情况制定家庭农场合理的信用政策，这是家庭农场财务管理的一个重要组成部分，也是家庭农场为达到应收账款管理目的必须合理制定的方针策略。信用政策包括信用标准、信用期限、折扣政策和收账政策等。

信用政策制定好了以后，家庭农场要从三个方面强化应收账款信用政策执行力度：一是做好客户资信调查。一般来说，客户的资信程度通常取决于五个方面，即客户的品德、能力、资本、担保和条件，也就是通常所说的“5C”系统，这五个方面的信用资料可以通过财务报表、信用评级报告、商业交往信息取得。对上述信息进行信用综合分析后，家庭农场就可以对客户的信用情况作出判断，并作出能否和该客户进行商品交易，做多大量，每次信用额控制在多少为宜，采用什么样的交易方式、付款期限和保障措施等方面决策。二是加强应收账款的日常管理工作。具体来讲，可以从以下几个方面做好应收账款的日常管理工作：做好基础记录，了解客户(包括子公司)付款的及时程度；检查客户是否突破信用额度；掌握客户已过信用期限的债务；分析应收账款周转率和平均收账期，看流动资金是否处于正常水平；对坏账损失的可能性预先进行估计，积极建立弥补坏账损失的准备制度；编制账龄分析表等。三是加强应收账款的事后管理。确定合理的收账程序，确定合理的讨债方法。

2)应收票据管理

应收票据包括期票和汇票。期票是指债务人向债权人签发的，在约定日期无条件支付一定金额的债务凭证。汇票是指由债权人签发(或由付款人自己签发)，由付款人按约定付款期限，向持票人或第三者无条件支付一定款项的凭证。家庭农场为了弥补无法收回应收票据而发生的坏账损失，应建立和健全坏账准备金制度。

3. 存货管理

存货是指家庭农场在正常生产经营过程中持有的、为了销售的产成品或商品，或为了出售仍然处于生产过程中的产品，或在生产过程、劳务过程中消耗的材料、物料等。家庭农场存货除上述项目外，还包括收获的农产品、幼畜、生长中的庄稼等。

家庭农场置留存货的原因：一方面是为了保证生产或销售的经营需要；另一方面是出自价格的考虑，零购物资的价格往往较高，而整批购买在价格上有优惠。但是，过多存货要占用较多资金，并且会增加包括仓储费、保险费、维护费、管理人员工资在内的各项开支。因此，进行存货管理目标就是尽力在各种成本与存货效益之间作出权衡，达到两者的最佳结合。

家庭农场提高存货管理水平的途径主要有：严格执行财务制度规定，使账、物、卡相符；采用 ABC 控制法，降低存货库存量，加速资金周转；加强存货采购管理，合理运作采购资金，控制采购成本；充分利用 ERP 等先进的管理模式，实现存货资金信息化管理。

三、家庭农场固定资金管理

（一）家庭农场固定资金的内容和特点

固定资金是指家庭农场占用在主要劳动资料上的资金，其实物形态表现为固定资产，如工作机器、动力设备、传导运输设备、房屋及建筑物等。家庭农场固定资产还包括土地、堤坝、水库、晒场、养鱼池、生物性生物资产等。家庭农场把劳动资料按照使用年限和原始价值划分固定资产和低值易耗品。对于原始价值较大、使用年限较长的劳动资料，按照固定资产来进行核算；而对于原始价值较小、使用年限较短的劳动资料，按照低值易耗品来进行核算。

固定资产在较长时期内的多次生产周期中反复发挥作用，直到报废之前，仍然保持其实物形态不变。固定资产在使用过程中不可避免地会发生磨损，其价值也会随着它的损耗程度逐渐地、部分地转移并从产品实现的价值中逐渐地、部分地补偿。

固定资金在运动周转中表现出以下特点：周转期长；固定资产资金的价值补偿和实物更新分别进行；固定资金的投资是一次性的，而投资的收回分次进行。

（二）家庭农场固定资产管理的基本要求

固定资产具有价值高，使用周期长、使用地点分散、管理难度大等特点，为了保证生产对固定资产数量和质量的需要，同时还要提高固定资产的利用效率：第一，家庭农场要正确核定固定资产的需用量；第二，要保证固定资产的完整无缺；第三，要不断提高固定资产的利用效率；第四要正确计算和提取固定资产折旧；第五，要加强固定资产投资预测和决策。

（三）家庭农场固定资产折旧

固定资产折旧是以货币形式表示的固定资产因损耗而转移到产品中去的那部分价值。计入产品成本的那部分固定资产的损耗价值，称为折旧费。

固定资产的价值损耗分为有形损耗和无形损耗。固定资产的有形损耗是指固定资产由于使用和自然力的作用而发生的物质损耗，前者称固定资产的机械磨损，后者称固定资产的自然磨损。固定资产无形损耗是指固定资产在社会劳动生产率提高和科学技术进步的条件下而引起的固定资产的价值贬值。

固定资产折旧方法如下：

1. 平均折旧法

平均折旧法是根据固定资产的应计折旧额（原值－预计净残值），按照固定资产的预计折旧年限、预计使用时间和预计总产量等平均计算固定资产的转移价值的方法，包括使用年限法、工作时数法、产量法。

(1)使用年限法。使用年限法是将固定资产的应计折旧额按照固定资产的预计使用年限平均计提折旧的方法。

年折旧额＝(原价－预计残值收入＋预计清理费用)/预计使用年限

年折旧率＝(1－预计净残值率)/预计使用年限×100％

年折旧额＝固定资产原值×年折旧率

月折旧率＝年折旧率/12

月折旧额＝固定资产原值×月折旧率

(2)工作时数法。工作时数法(工作量法)是根据固定资产的应计折旧额按照预计使用时数(或行驶里程)计提折旧的一种方法。

单位工作小时折旧额＝原价×(1－预计净残值率)/预计总工作小时

月折旧额＝月工作小时数×单位工作小时折旧额

单位里程折旧额＝原价×(1－预计净残值率)/预计总行驶里程

月折旧额＝月行驶里程×单位里程折旧额

(3)生产量法。生产量法是根据固定资产应计折旧额按照该项固定资产的预计生产总量(或预计提供的劳务总量)计提的一种方法。

单位生产量折旧额＝原价×(1－预计净残值)/预计生产总量

月折旧额＝某月生产总量(或劳务总量)×单位生产量折旧额(或劳务量)

2. 加速折旧法

加速折旧法是加速和提前提取折旧的方法。固定资产投入使用的最初几年多提折旧，后期少提折旧，各期的折旧额是一个递减的数列，包括双倍余额递减法、年数总和法。之所以采用加速折旧法，是因为固定资产在全新时有较强的产出能力，可提供较多的营业收入和盈利，理应多提折旧；固定资产在投入使用的最初几年将固定资产的大部分(一般为50%～60%)收回，可减少无形损耗，有利于家庭农场采用先进技术；按照国际惯例，折旧费可计入生产成本，具有抵减所得税的作用，有利于保持各期的折旧费与修理费总和基本平衡。

(1)双倍余额递减法。双倍余额递减法是根据固定资产原值减去已提折旧后的余额，按照使用年限法的折旧率的两倍计算的折旧率计提折旧的一种方法。

年折旧率＝2/预计折旧年限×100%

年折旧额＝固定资产账面净值×年折旧率

月折旧率＝年折旧率/12

月折旧额＝固定资产账面净值×月折旧率

(2)年数总和法。年数总和法是以应计折旧额(即原价扣除净残值的差额)乘以尚余固定资产折旧年限(包括计算当年)与固定资产预计使用年限的年数总和之比计提折旧的一种方法。

各年折旧率＝(预计使用年限－已使用年限)÷[预计使用年限×(预计使用年限＋1)÷2]×100%

计提固定资产折旧的时间：月份内增加的固定资产，当月不计提折旧，从下月起计提折旧；月份内减少或停用的固定资产，当月仍计提折旧，从下月起停止计提折旧；已提足折旧的固定资产继续使用时，不再计提折旧；尚未提足折旧而提前报废的固定资产，不再计提折旧。其未提足的折旧额，作为损失计入营业外支出。

四、家庭农场无形资产管理

(一)无形资产的特点

无形资产是指不具有实物形态而主要以知识形态存在的重

要经济资源，它是为其所有者或合法使用者提供某种权利或优势的经济资源。无形资产具有如下主要特征：一是非独立性。无形资产是依附于有形资产而存在的，相对而言缺乏独立性，它体现一种权力或取得经济效益的能力。二是转化性。无形资产虽然是看不见、摸不着的非物质资产，但它同有形资产相结合，就可以相互转化并产生巨大的经济效益。三是增值性。无形资产能给家庭农场带来强大的增值功能，而且本身并无损耗。四是交易性。无形资产有其价值性而且具有交易性。五是潜在性。无形资产是在生产经营中靠自身日积月累、不断努力，经过长期提高逐渐培育出来的，如经验、技巧、人才、家庭农场精神、职工素质、家庭农场信誉等都潜在地存在于家庭农场中。

（二）加强对无形资产的保护

由于无形资产本身的隐蔽性、非独立性等特点，很容易让人忽视无形资产的存在，也很难让人相信这些看不见、摸不着的东西能作为家庭农场的资本。面对这种状况，首先，家庭农场要树立现代资本观念，要意识到不但家庭农场商标、专利权、专有技术等是家庭农场有价值的无形资产，还要意识到一个家庭农场长期以来形成的内部协调关系、与债权债务人的合作关系、稳定的营销渠道、家庭农场所处的地理位置、税收的优惠政策等都是家庭农场有价值的无形资产。其次，要增强无形资产是家庭农场重要的经营资源的观念。世界正步入知识经济时代，以知识与技术含量为特征的无形资产在家庭农场生产经营和资本运营中将起着越来越重要的作用。我国《公司法》规定：无形资产作为资本对外投资比例可达投资总额的20%，特殊情况下可达50%。可见，在资本运营中无形资产具有举足轻重的地位。再次，要重视无形资产的核算和评估。一方面，家庭农场应建立无形资产管理责任制度和无形资产内部审计制度，应设立专门机构进行无形资产的全面管理；应充分关注自身无形资产的价值，加强无形资产的会计核算；应实施无形资产的监管，及时对无形资产的未来收益、经济寿命、资本化率进行评估和确认，确保无形资产的保值增值。另一方面，家庭农场应从技术手段和管理措施等多方面入手，做好无形资产保护和保密工作。

第四节　家庭农场的成本与利润管理

一、家庭农场成本费用管理

成本是商品价值的组成部分。人们要进行生产经营活动或达到一定的目的，就必须耗费一定的资源(人力、物力和财力)，其所费资源的货币表现及其对象化称之为成本。

(一)成本与费用的概念

成本与费用是两个不同的概念。成本一般指生产经营成本，是按照不同产品或提供劳务而归集的各项费用之和。我国现行财务制度规定，产品成本是指产品制造成本，是生产单位为生产产品或提供劳务而消耗的直接材料、直接工资、其他直接支出和制造费用的总和。费用常指生产经营费用，是家庭农场在一定时期内为进行生产经营活动而发生的各种消耗的货币表现。

成本与生产经营费用都反映家庭农场生产经营过程的耗费，生产费用的发生过程往往又是产品成本的形成过程。二者的区别在于耗费的衡量角度不同，成本是为了取得某种资源而付出的代价，是按特定对象所归集的费用，是对象化了的费用；费用是对某会计期间家庭农场所拥有或控制的资产耗费，是按会计期间归属，与一定会计期间相联系而与特定对象无关。另外，生产经营费用既包括直接费用、制造费用，还包括期间费用，产品成本只包括直接费用和制造费用。

（二）成本与费用的构成

1. 产品成本项目构成

(1)直接材料，是指生产商品产品和提供劳务过程中所消耗的，直接用于产品生产，构成产品实体的原料及主要材料、外购半成品及有助于产品形成的辅助材料和其他直接材料。

(2)直接工资，是指在生产产品和提供劳务过程中，直接参加产品生产的工人工资、奖金、补贴。

(3)其他直接支出。包括直接从事产品生产人员的职工福利费等。

(4)制造费用，是指应由产品制造成本负担的，不能直接计入各产品成本的有关费用，主要指各生产车间管理人员的工资、奖金、津贴、补贴，职工福利费，生产车间房屋建筑物、机器设备等的折旧费，租赁费(不包括融资租赁费)，修理费、机物料消耗、低值易耗品摊销，取暖费(降温费)，水电费，办公费，差旅费，运输费，保险费，设计制图费，试验检验费，劳动保护费，修理费。

2. 期间费用项目

期间费用是指家庭农场本期发生的、不能直接或间接归入营业成本，而是直接计入当期损益的各项费用，包括销售费用、管理费用和财务费用等。

(1)销售费用。家庭农场在销售过程中所发生的费用。具体包括应由家庭农场负担的运输费、装卸费、包装费、保险费、展览费、销售佣金、委托代销手续费、广告费、租赁费和销售服务费用，专设销售机构人员工资、福利费、差旅费、办公费、折旧费、修理费、材料消耗、低值易耗品摊销及其他费用。但家庭农场内部销售部门属于行政管理部门，所发生的经费开支，不包括在销售费用之内，而应列入管理费用。

(2)管理费用。即家庭农场管理和组织生产经营活动所发生的各项费用。管理费用包括的内容较多，具体包括公司经费，即家庭农场管理人员工资、福利费、差旅费、办公费、折旧费、修理费、物料消耗、低值易耗品摊销和其他经费；工会经费，即按职工工资总额的一定比例计提拨交给工会的经费；职工教育经费，即按职工工资总额的一定比例计提，用于职工培训学习以提高文化技术水平的费用；劳动保险费，即家庭农场支付离退休职工的退休金或按规定交纳的离退休统筹金、价格补贴、医药费或医疗保险费、退职金、病假人员工资、职工死亡丧葬补助费及抚恤费、按规定支付离休人员的其他经费；差旅费，即家庭农场董事会或最高权力机构及其成员为执行职能而发生的差旅费、会议费等；咨询费，即家庭农场向有关咨询机构进行科学技术经营管理咨询所支付的费用；审计费，即家庭农场聘请注册会计师进行查账、验资、资产评估等发生的费用；诉讼费，即家庭农场因起诉或应诉而支付的各项费用；税金，即家庭农场按规定支付的房产税、车船使用税、土地使用税、印花税等；土地使用费，即家庭农场使用土地或海域而支付的费用；土地损失补偿费，即家庭农场在生产经营过程中因破坏土地而支付的土地损失补偿费；技术转让费，即家庭农场购买或使用专有技术而支付的技术转让费用；技术开发费，即家庭农场开发新产品、新技术所发生的新产品设计费、工艺规程制定费、设备调整费、原材料和半成品的试验费、技术图书资料费、未获得专项经费的中间试验费及其他有关费用；无形资产摊销，即场地使用权、工业产权及专有技术和其他无形资的摊销；递延资产摊销，即开办费和其他资产的摊销；坏账损失，即家庭农场按年末应收账款损失；业务招待费，即家庭农场为业务经营的合理需要在年销售净额一定比例之内支付的费用；其他费用，即不包括在上述项目中的其他管理费用，如绿化费、排污费等。

(3)财务费用。家庭农场为进行资金筹集等理财活动而发生的各项费用。财务费用主要包括利息净支出、汇兑净损失、金融机构手续费和其他因资金而发生的费用。利息净支出包括短期借款利息、长期借款利息、应付票据利息、票据贴现利息、应付债券利息、长期应付融资租赁款利息、长期应付引进国外设备款利息等，家庭农场银行存款获得的利息收入应冲减上述利息支出；汇率损失指家庭农场在兑换外币时因市场汇价与实际兑换汇率的不同而形成的损失或收益，以脱离因汇率变动期末调整外币账户余额而形成的损失或收益，当发生收益时应冲减损失；金融机构手续费包括开出汇票的银行手续费等。

(三)家庭农场成本费用管理

加强成本费用管理，降低生产经营耗费，有利于促使家庭农场改善生产经营管理，提高经济效益，是扩大生产经营的重要条件。

1. 成本费用管理原则

(1)正确区分各种支出的性质，严格遵守成本费用开支范围。

(2)正确处理生产经营消耗同生产成果的关系，实现高产、优质、低成本的最佳组合。

(3)正确处理生产消耗同生产技术的关系，把降低成本同开展技术革新结合起来。

2. 家庭农场降低成本费用的途径与措施

(1)节约材料消耗，降低直接材料费用。车间技术检查员要按图纸、工艺、工装要求进行操作，实行首件检查，防止成批报废。车间设备员要按工艺规程规定的要求监督设备维修和使用情况，不合要求不能开工生产。供应部门材料员要按规定的品种、规格、材质实行限额发料，监督领料、补料、退料等制度的执行。生产调度人员要控制生产批量，合理下料，合理投料。车间材料费的日常控制，一般由车间材料核算员负责，要经常收集材料，分析对比，追踪原因，会同有关部门和人员提出改进措施。

(2)提高劳动生产率，降低直接人工费用。工资在成本中占有一定比重，增加工资又被认为是不可逆转的。工资与劳动定额、工时消耗、工时利用率、工人出勤率与技术熟练程度等因素有关，要减少单位产品中工资的比重，提高劳动生产率，保证工资与效益同步增长。

(3)推行定额管理，降低制造费用。制造费用项目很多，发生的情况各异。有定额的按定额控制，没有定额的按各项费用预算进行控制。各个部门、车间、班组分别由有关人员负责控制和监督，并提出改进意见。

(4)加强预算控制，降低期间费用。严格控制期间费用开支范围和开支标准，不得虚列期间费用，正确使用期间费用核算方法和结转方法。

(5)实行全面成本管理，全面降低成本费用水平。成本费用管理是一项系统工程，需要对成本形成的全过程进行管理，从产品的设计投产到产品生产、销售，都要注意降低产品成本。成本费用控制得到高层领导的支持是非常重要的，而家庭农场的日常事务，是由广大员工来执行的，他们会直接或间接的影响成本费用水平。因此，要加强宣传，使成本费用理念深入每一个员工心里。

二、家庭农场的利润管理

（一）利润的概念

利润是家庭农场劳动者为社会创造的剩余产品价值的表现形式。利润是家庭农场在一定时期内，从生产经营活动中取得的总收益，按权责发生制及收入、费用配比的原则，扣除各项成本费用损失和有关税金后的净额，包括营业利润、投资净收益、补贴收入和营业外收支净额等。它表明家庭农场在一定会计期间的最终经营成果。

（二）家庭农场总利润的构成

（1）营业利润。

利润总额＝营业利润＋投资净收益＋补贴收入＋营业外收入－营业外支出

营业利润＝主营业务利润＋其他业务利润－管理费用－营业费用－财务费用

主营业务利润＝主营业务收入－主营业务成本－主营业务税金及附加

其他业务利润＝其他业务收入－其他业务支出

（2）投资净收益。

净利润＝利润总额－所得税

（3）补贴收入是指家庭农场按规定实际收到退还的增值税，或按销量或工作量等依据国家规定的补助定额计算并按期给予的定额补贴，以及属于国家财政扶持的领域而给予的其他形式的补贴。

（4）营业外收入主要包括固定资产盘盈、处置固定资产净收益、处置无形资产净收益、罚款净收入等。

（5）营业外支出主要包括处置固定资产净损失、处置无形资产净损失、债务重组损失、计提的固定资产减值准备、计提的无形资产减值准备、计提的在建工程减值准备、固定资产盘亏、非常损失、罚款支出、捐赠支出等。

（三）家庭农场利润的分配

利润分配，是将家庭农场实现的净利润，按照国家财务制度规定的分配形式和分配顺序，在国家、家庭农场和投资者之间进行的分配。利润分配的过程与结果，是关系到所有者的合法权益能否得到保护，家庭农场能否长期、稳定发展的重要问题。为此，家庭农场必须加强利润分配的管理和核算。

1．利润分配的原则

（1）依法分配原则。家庭农场利润分配的对象是家庭农场缴纳所得税后的净利润，这些利润是家庭农场的权益，家庭农场有权自主分配。国家有关法律、法规如《公司法》等对家庭农场利润分配的基本原则、一般次序和重大比例也作了较为明确的规定，其目的是为了保障家庭农场利润分配的有序进行，维护家庭农场和所有者、债权人以及职工的合法权益，促使家庭农场增加积累，增强风险防范能力。利润分配在家庭农场内部属于重大事项，家庭农场在利润分配中必须切实执行法律、法规，对本家庭农场利润分配的原则、方法、决策程序等内容作出具体而又明确的规定。

（2）资本保全原则。资本保全是责任有限的现代家庭农场制度的基础性原则之一，家庭农场在分配中不能侵蚀资本。利润的分配是对经营中资本增值额的分配，不是对资本金的返还。按照这一原则，一般情况下，家庭农场如果存在尚未弥补的亏损，应首先弥补亏损，再进行其他分配。

（3）充分保护债权人利益原则。债权人的利益按照风险承担的顺序及其合同契约的规定，家庭农场必须在利润分配之前偿清所有债权人到期的债务，否则不能进行利润分配。同时，在利润分配之后，家庭农场还应保持一定的偿债能力，以免产生财务危机，危及家庭农场生存。

(4)利益兼顾原则。利润分配的合理与否是利益机制最终能否持续发挥作用的关键。利润分配涉及投资者、经营者、职工等多方面的利益，家庭农场必须兼顾，并尽可能地保持稳定的利润分配。在家庭农场获得稳定增长的利润后，应增加利润分配的数额或百分比。同时在积累与消费关系的处理上，家庭农场应贯彻积累优先的原则，合理确定提取盈余公积金和分配给投资者利润的比例，使利润分配真正成为促进家庭农场发展的有效手段。

2. 利润分配的程序

利润分配程序是指公司制家庭农场根据适用法律、法规或规定，对家庭农场一定期间实现的净利润进行分派必须经过的先后步骤。

根据我国《公司法》等有关规定，家庭农场当年实现的利润总额应按国家有关税法的规定作相应的调整，然后依法交纳所得税。交纳所得税后的净利润按下列顺序进行分配。

(1)弥补以前年度的亏损。按照我国财务和税务制度的规定，家庭农场的年度亏损，可以由下一年度的税前利润弥补，下一年度税前利润尚不足于弥补的，可以由以后年度的利润继续弥补，但用税前利润弥补以前年度亏损的连续期限不超过5年。5年内弥补不足的，用本年税后利润弥补。本年净利润加上年初未分配利润为家庭农场可供分配的利润，只有可供分配的利润大于零时，家庭农场才能进行后续分配。

(2)提取法定盈余公积金。根据《公司法》的规定，法定盈余公积金的提取比例为当年税后利润(弥补亏损后)的10%。当法定盈余公积金已达到注册资本的50%时可不再提取。法定盈余公积金可用于弥补亏损、扩大公司生产经营或转增资本，但公司用盈余公积金转增资本后，法定盈余公积金的余额不得低于转增前公司注册资本的25%。

(3)提取任意盈余公积金。根据《公司法》的规定，公司从税后利润中提取法定公积金后，经股东会或者股东大会决议，还可以从税后利润中提取任意公积金。

(4)向投资者分配利润。根据《公司法》的规定，公司弥补亏损和提取公积金后所余税后利润，可以向股东(投资者)分配股利(利润)，其中有限责任公司股东按照实缴的出资比例分取红利，全体股东约定不按照出资比例分取红利的除外；股份有限公司按照股东持有的股份比例分配，但股份有限公司章程规定不按持股比例分配的除外。

根据《公司法》的规定，在公司弥补亏损和提取法定公积金之前向股东分配利润的，股东必须将违反规定分配的利润退还公司。

第五节　家庭农场的税务管理

一、家庭农场的税务

《中共中央国务院关于加快发展现代农业 进一步增强农村发展活力的若干意见》(2013年中央“一号”文件)明确鼓励和支持承包土地向专业大户、家庭农场、农民专业合作社流转。发展家庭农场，是提高农业集约化经营水平的重要途径。从生产实践看，家庭农场既坚持了以农户为主的农业生产经营特性，又扩大了经营规模，解决了家庭经营低、小、散问题，通过适度规模经营，以集约化、商品化促进农业增效、农民增收。

现行税收政策中，没有明确的针对家庭农场的税收规定，主要适用的是对种植业、养殖业等行业的税收规定，家庭农场涉及的税收均为免征或不征。但家庭农场的房产及花卉盆景等对外出租取得的营业收入，家庭农场所从事的餐饮服务取得的收入以及为其他单位绿化维护等工程取得的收入，均要缴纳相关税收[①]。

（一）货物劳务税

《增值税暂行条例》及其实施细则规定："农业生产者销售的自产农业产品"属免征项目，具体指直接从事"种植业"、"养殖业"、"林业"、"牧业"、"水产业"的单位和个人生产销售自产的初级农业产品。

《营业税暂行条例》规定，农业机耕、排灌、病虫害防治、植保、农牧保险以及相关技术培训业务，家禽、水生动物的配种和疾病防治项目免征营业税。

《财政部、国家税务总局关于对若干项目免征营业税的通知》(财税字〔1994〕2 号)和《国家税务总局关于农业土地出租征税问题的批复》(国税函〔1998〕82 号)等相关规定：对农村、农场和农民个人将土地使用权转让给农业生产者用于农业生产，或将土地承包给个人或公司用于农业生产，收取固定租金，免征营业税、城建税、教育费附加和地方教育附加。农业生产包括农、林、牧、渔。

（二）所得税

财政部国家税务总局《关于农村税费改革试点地区有关个人所得税问题的通知》(财税〔2004〕30 号)、财政部国家税务总局《关于个人独资企业和个人合伙企业投资者取得种植业养殖业饲养业捕捞业所得有关个人所得税问题的批复》(财税〔2010〕

---

① 周仕雅，林森．家庭农场涉税问题研究[J]．税收经济研究，2013(5)．

96号)等文件规定，个体工商户、个人独资企业、个人合伙企业或个人从事种植业、养殖业、饲养业、捕捞业，其投资者取得的“四业”所得暂不征收个人所得税；《企业所得税法》第27条和《企业所得税法实施条例》第86条规定企业从事农、林、牧、渔业项目的所得，可以免征、减征企业所得税。

（三）财产行为税

《中华人民共和国城镇土地使用税暂行条例》及《财政部国家税务总局关于房产税城镇土地使用税有关政策的通知》(财税〔2006〕186号)规定，直接用于农、林、牧、渔业的生产用地免缴城镇土地使用税。在城镇土地使用税征收范围内经营采摘、观光农业的单位和个人，其直接用于采摘、观光的种植、养殖、饲养的土地，免征城镇土地使用税。

《车船税暂行条例》规定，拖拉机、捕捞(养殖)渔船免征车船税。

《财政部国家税务总局关于农用三轮车免征车辆购置税的通知》(财税〔2004〕66号)规定，对农用三轮车免征车辆购置税。

《契税暂行条例实施细则》规定，纳税人承受荒山、荒沟、荒丘、荒滩土地使用权，用于农、林、牧、渔业生产的，免征契税。

《印花税暂行条例施行细则》第13条规定，对国家指定的收购部门与村民委员会、农民个人书立的农副产品收购合同免纳印花税。

二、家庭农场的利润分配和扩大再生产

分配是最敏感的环节，而且是决定合作社成败的关键因素，因此这里主要讲家庭农场的分配。

家庭农场要承担生活费用和生产费用两个方面的开支。家

庭农场作为一个独立生产经营单位，有着两种功能：一是生产，二是生活。因此，家庭农场的收入要用在如下两个方面，即生活费用和生产费用。

在保证生产逐年稳定提高的前提下，家庭农场应尽快达到生产费用自理，同时要达到设备自筹，房屋自建，形成完整的生产能力，不断提高家庭农场的收入水平。因此，家庭农场的收入中，只有生活费用才与传统概念的家庭收入有可比性，也只有这部分收入才能算作个人所得。因此，应该区分生产费用和生活费用。

家庭农场所得收入，是土地资源、设备、人力很好结合起来生产的财富，因此家庭农场的收入不能完全认为是个人劳动所得的收入，应该去除维持土地生产能力所必需的费用、维持经营者必要的生活费用以及农场发展所需的资金。在抛去以上各项费用后，所余下的生活费用代表着家庭成员的富裕程度，这部分资金供家庭成员自由支配，是农场取得的净收益。

参考文献

[1]张广花. 家庭农场经营读本[M]. 杭州：浙江工商大学出版社，2016.

[2]何忠伟. 家庭农场经营管理学[M]. 北京：中国商务出版社，2015.

[3]席施，席克奇，李明慧. 家庭农场经营管理[M]. 北京：中国农业出版社，2015.

[4]邵腾伟. 农户联合与合作经营研究[M]. 北京：中国农业科学技术出版社，2015.